KB260157

상황 중국어회화

124

편집부 엮음
王振禮 감수

정진출판사

■ 감수

王振禮（中國北京語言大學 教授）

언제 어디서나 통하는
상황 중국어회화 124

초판 1쇄 발행 2003년 2월 10일
　　 9쇄 발행 2006년 10월 10일

편　자　　편집부
발행인　　박해성
발행처　　정진출판사
등록일자　1989.12.20 / 등록번호 6-95
주　소　　136-152 서울시 성북구 석관2동 341-48호
전　화　　(02)969-8561 / 팩　스 (02)969-8592
홈페이지　www.jeongjinpub.co.kr
ISBN　　　89-85375-98-9

정가 8,000원(카세트 테이프 2개 포함)

　언어의 가장 본질적인 기능은 의사 소통 기능입니다. 우리가 외국어를 배우는 목적도 해당 외국어를 말하고, 읽고, 쓰면서 그 나라 사람, 그 나라의 문화를 이해하기 위함입니다. 우리가 중국어를 배우는 목적도 결국은 중국어를 사용하는 사람들과의 의사 소통에 있는 것입니다. 하지만 우리는 많은 시간을 외국어 학습에 투자하면서도 실제로 해당 외국어를 제대로 습득하지 못하는 경우가 많고, 또 어느 정도 외국어 실력이 된다고 해도 막상 외국인과 만나면 말문이 막힐 때가 더 많은 것 같습니다.

　이 책은 여러분이 어느 상황이라도 자신있게 대처할 수 있도록 다양한 상황을 설정하여 상황에 맞는 회화와 문장을 쉽게 익힐 수 있도록 엮었습니다.

　이 책의 특징을 살펴보면,

1. 일상생활에서 많이 일어나는 여러 상황을 16분야, 총 124개의 상황으로 설정하였습니다. 각 상황에 맞는 기본표현과 자주 쓰이는 표현을 공부하면서 해당 상황에 적절히, 다양한 각도로 대처할 수 있도록 하였습니다.

2. 이미 배운 기본표현의 문장을 연습을 통해서 복습합니다.

3. 각 상황에 맞는 보충 단어와 정보를 제공하여 좀더 쉽게 상황에 맞는 표현을 이해하도록 하였습니다.

4. 각 장이 끝날 때마다 중국의 사회, 문화에 관련된 정보를 실어 중국의 이모저모를 알 수 있도록 하였습니다.

＊본문 중국어 위에 제시한 한글 토는 최대한 원 발음에 가깝게 표현했다고는 하나 실제 발음과는 많은 차이가 있습니다. 정확한 발음은 본 책에 포함된 테이프의 중국인 발음을 참고하십시오.

차 례

5. 가족 중국의 수도 북경

6. 일상생활 중국 최대의 상공업 도시 상해

7. 여가 · 취미 중국의 전통극 ―경극

차 례

8. 초대 · 방문 중국 요리

9. 회사생활 중국의 8대 명주

10. 전화 전화 걸기

11. 교통 · 길묻기 — 중국의 기차

12. 부탁 · 요청 — 중국의 의복

13. 여러가지 표현 — 만리장성

제**1**장

인 사

1. 안녕하세요?

2. 처음 뵙겠습니다.

3. 오래간만이군요.

4. 하시는 일은 잘 되세요?

5. 안녕히 계세요!

6. 가겠습니다.

1

안녕하세요?

基本表现

니 하오
A : 你好!
Nǐ hǎo!

닌 하오
B : 您好!
Nín hǎo!

A : 안녕하세요?

B : 안녕하십니까?

관련표현

자오 안
❶ 早安!
Zǎo'ān!
안녕하십니까?(이른 아침)

자오 상 하오
❷ 早上好!
Zǎoshang hǎo!
안녕하십니까?(아침인사)

완 상 하오
❸ 晚上好!
Wǎnshang hǎo!
안녕하십니까?(저녁인사)

완 안
❹ 晚安!
Wǎn'ān!
안녕히 주무세요.(늦은 밤, 잠 자기 전)

연습

A : ______!
　　Nǐ hǎo!

B : 您好!
　　Nín hǎo!

A : 天气好。
　　Tiānqì hǎo.

B : 是啊。
　　Shì a.

해석

A : <u>안녕하세요?</u>

B : 안녕하십니까?

A : 날씨가 좋군요.

B : 그렇네요.

알아두기 / 인사 (1)

→ '你好! '는 우리 나라의 '안녕!'에 해당하는 인사말로, 중국에서 가장 보편적으로 쓰는 인사말입니다. 사용 범위는 동료나 손아랫사람은 물론 윗사람에게도 사용할 수 있습니다. '您好! '는 일종의 경칭으로 존중해야 할 윗사람에게 주로 씁니다. 중국에서는 시간에 따라 다른 인사 표현을 하기도 합니다.

2

처음 뵙겠습니다.

基本表现

추 츠 지엔 미엔　　워 쟈오 찐　밍더
A : 初次见面，我叫金明德。
Chū cì jiàn miàn, wǒ jiào Jīn Míngdé.

지우 양　지우 양　　워 쟈오 짱　따 웨이
B : 久仰久仰，我叫张大伟。
Jiǔyǎng jiǔyǎng, wǒ jiào Zhāng Dàwěi.

A : 처음 뵙겠습니다. 저는 김명덕이라고 합니다.
B : 말씀 많이 들었습니다. 저는 장대위라고 합니다.

관련표현

지엔 따오 닌　헌 까오 씽
❶ 见到您，很高兴。
Jiàn dào nín, hěn gāoxìng.
당신을 만나서 매우 반갑습니다.

워 스　찐밍더
❷ 我是金明德。
Wǒ shì Jīn Míngdé.
저는 김명덕입니다.

닌 꿰이 씽
❸ 您贵姓？
Nín guì xìng?
성함이 어떻게 되세요?

뚸이 부 치　웨이 넝 시엔 쭈오 쯔 워 지에 샤오
❹ 对不起，未能先作自我介绍。
Duì bu qǐ, wèi néng xiān zuò zìwǒ jièshào.
죄송합니다. 자기 소개가 늦어졌습니다.

연습

A : _________, 我叫金明德。
　　Chū cì jiàn miàn, wǒ jiào Jīn Míngdé.

B : 久仰久仰, 我叫张大伟。
　　Jiǔyǎng jiǔyǎng, wǒ jiào Zhāng Dàwěi.

　　请多多关照。
　　Qǐng duōduō guānzhào.

A : 请多多关照。
　　Qǐng duōduō guānzhào.

해석

A : <u>처음 뵙겠습니다.</u> 저는 김명덕이라고 합니다.

B : 말씀 많이 들었습니다. 저는 장대위라고 합니다. 잘 부탁드립니다.

A : 잘 부탁드립니다.

 **알아두기 / 인사 (2)**

→ 사람을 처음 만나서 나누는 대화는 한국이나 중국이 크게 다르지 않습니다. '처음 뵙겠습니다. 저는 ○○입니다. 당신의 이름은 무엇입니까?' 하는 대화는 세계 공통인 것 같습니다.

'말씀 많이 들었습니다.'의 의미인 '久仰久仰.'은 중국어의 옛 표현인데 현대에 와서도 격식을 차리며 말할 때에 자주 씁니다. 중국어의 문어체 표현은 구어체보다는 고전적인 느낌을 주기 때문에 예의를 차려야 하는 자리에서 많이 쓰이고 있습니다.

3

오래간만이군요.

基本表现

A : 好久不见, 身体好吗?
Hǎojiǔ bújiàn, shēntǐ hǎo ma?

B : 托您的福, 很健康。
Tuō nín de fú, hěn jiànkāng.

A : 오랜만이네요. 건강하세요?

B : 덕분에 건강해요.

관 련 표 현

❶ 好久没见了。
Hǎojiǔ méi jiàn le.
오랜간만이군요.(오랫동안 당신과 만나지 못했습니다.)

❷ 已有三年了。
Yǐ yǒu sān nián le.
이미 3년이 되었습니다.

❸ 你好吗?
Nǐ hǎo ma?
안녕하시지요?

연습

A : 哦，这不是金明德先生吗?
È, zhè bú shì Jīn Míngdé xiānshēng ma?

B : ____________，林智英小姐。
Hǎojiǔ bújiàn le, Lín Zhīyīng xiǎojiě.

身体好吗?
Shēntǐ hǎo ma?

A : 托您的福，很健康。你呢?
Tuō nín de fú, hěn jiànkāng. Nǐ ne?

B : 我也很健康。
Wǒ yě hěn jiànkāng.

해석

A : 어머, 김명덕 씨 아니세요?

B : <u>오래간만이군요</u>, 임지영 양. 건강하시죠?

A : 덕분에 아주 건강해요. 당신은요?

B : 저도 매우 건강해요.

알아두기 / '好久不见。'

➡ '好久不见。'은 '한참 동안 만나지 못했습니다'라는 의미입니다. '好'는 '좋다, 훌륭하다'라고 해석하는 경우가 많지만 동사 앞에서는 본문에 쓰인 것처럼 '꽤, 상당히'의 의미로도 쓰입니다. 또 동사 뒤에서는 '~하기를 끝마쳤다'의 의미로 쓰이기도 합니다.

4

하시는 일은 잘 되세요?

基本表现

꽁 쭈오　쉰 리　마
A : 工作顺利吗?
Gōngzuò shùnlì ma?

하이　커 이
B : 还可以。
Hái kěyǐ.

A : 하시는 일은 잘 되세요?
B : 그런대로요.

관련표현

꽁 쭈오　망 뿌망
❶ 工作忙不忙?
Gōngzuò máng bu máng?
하시는 일은 바쁘세요?

팅 망　더
❷ 挺忙的。
Tǐng máng de.
매우 바쁩니다.

쭈에이 진 꿔 더　쩐머 양
❸ 最近过得怎么样?
Zuìjìn guò de zěnmeyàng?
요즘 어떻게 지내세요?

꽁 쭈오하이 커 이 바
❹ 工作还可以吧?
Gōngzuò hái kěyǐ ba?
사업은 잘 되시죠?

연습

A : 看起来王先生挺健康。
Kàn qǐ lái Wáng xiānsheng tǐng jiànkāng.

B : 是, 托您的福。
Shì, tuō nín de fú.

A : ＿＿＿＿＿＿＿＿＿？
Gōngzuò shùnlì ma?

B : 还可以。
Hái kěyǐ.

해석

A : 왕 선생님은 매우 건강해 보이는군요.

B : 네, 덕분에요.

A : 하시는 일은 잘 되세요?

B : 그런대로요.

알아두기 / '还可以'

➡ '还可以'는 '그저 그래요, 그럭저럭, 보통이다, 그런대로 괜찮습니다'라는 의미인데 중국인들은 일상생활에서 이 말을 상당히 자주 씁니다. 여기에서 '还'는 '그런대로, 그럭저럭'의 의미입니다. 비슷한 표현으로는 '还好(hái hǎo)', '马马虎虎(mǎmǎ hūhū)' 등이 있습니다.

5

안녕히 계세요!

基本表现

A : 那么, 再见!
나 머　짜이 지엔
Nàme, zàijiàn!

B : 那么, 明天见吧!
나 머　밍 티엔 지엔 바
Nàme, míngtiān jiàn ba!

A : 그럼, 안녕히 계세요!

B : 그럼, 내일 뵙겠습니다!

관련표현

❶ 后会有期。
호우 훼이 요우 치
Hòu huì yǒu qī.
다음에 또 만날 날이 있을 것입니다. (다음에 뵙겠습니다.)

❷ 祝你平安。
쭈 니 핑 안
Zhù nǐ píng'ān.
편안하시길 빕니다.(헤어질 때)

❸ 再见。
짜이 지엔
Zàijiàn.
안녕히 가세요./ 안녕.

❹ 日后再见吧。
르 호우짜이 지엔 바
Rìhou zàijiàn ba.
나중에 뵙겠습니다.

연습

A : 好了，时间不早了，我该走了。
Hǎo le, shíjiān bù zǎo le, wǒ gāi zǒu le.

B : 请向王先生转达我的问候。
Qǐng xiàng Wáng xiānsheng zhuǎndá
wǒ de wènhòu.

A : 好! _______!
Hǎo! zàijiàn!

B : 明天见!
Míngtiān jiàn!

해석

A : 그럼, 시간도 늦었으니 가 보겠습니다.

B : 왕 선생님께도 안부 전해 주세요.

A : 좋습니다! <u>안녕히 계세요!</u>

B : 내일 뵙겠습니다!

알아두기 / 헤어질 때의 인사

➡ '再见'은 중국어의 가장 기본적인 헤어질 때의 인사말입니다. 단어를 직역하면 '다시 보자.'라는 의미이고 '再'의 자리에 미래의 어느 시기를 대입하여 말하면 그 시기에 다시 만나자는 인사말이 됩니다. 이 인사말의 직역은 위에서 말한 것처럼 '다시 보자'는 의미이지만 꼭 다시 보자는 의미를 가지고 말하는 것은 아닙니다.

明天见! Míngtiān jiàn! 내일 보자!
晚上见! Wǎnshang jiàn! 저녁에 보자!

6
가겠습니다.

基本表现

워 조우 러
A : 我走了。
Wǒ zǒu le.

만 조우
B : 慢走。
Màn zǒu.

A : 가겠습니다.
B : 살펴 가세요.

관련표현

션 머 스 호우 훼이 라이 야
❶ 什么时候回来呀?
Shénme shíhou huílái ya?
언제까지 들어오세요?

훼이 라이 완 마
❷ 回来晚吗?
Huílái wǎn ma?
늦게 들어오시나요?

워 훼이 라이 러
❸ 我回来了。
Wǒ huílái le.
다녀왔습니다.

칭 찐
❹ 请进。
Qǐng jìn.
어서 오세요.

연습

A : ________。
Wǒ zǒu le.

B : 今天有课吗?
Jīntiān yǒu kè ma?

A : 有, 10点钟开始。
Yǒu, shí diǎn zhōng kāishǐ.

B : 慢走。
Màn zǒu.

해석

A : *가겠습니다.*

B : *오늘 수업 있어요?*

A : *네, 10시부터 있어요.*

B : *살펴 가세요.*

알아두기 / 손님 배웅

➤ '慢走'는 손님을 배웅할 때 쓰는 말입니다. 직역하면 '천천히 가세요' 라는 의미인데 정말로 천천히 가라는 말은 아니고 우리말로 '살펴 가세요.' 정도의 의미로 보면 됩니다. 주인이 '慢走' 라고 했을 때 손님이 응대하는 말로는 '请留步' 가 있는데 이는 '걸음을 머무르세요.' 즉, '나오지 마세요.' 의 뜻입니다.

중국의 환경

1. 위치와 면적

아시아 대륙 동부에 위치한 중국은 북한·러시아·몽골·카자흐스탄·파키스탄·월남 등 15개 국가와 국경을 접하고 있으며, 남북의 길이는 약 5,500㎞, 동서의 폭은 약 5,200㎞이다. 면적은 약 960만㎢(한반도의 44배, 남한의 100배)로 러시아, 캐나다에 이어 세계 3번째의 광활한 국토를 소유하고 있다.

2. 지형

중국의 지형은 서고동저의 지형으로 황하(黄河 Huánghé), 장강(长江 Chángjiāng) 등 대부분의 강은 지세에 따라서 서에서 동으로 흐른다. 중국은 땅이 넓은 만큼 지형도 다양하여 평원, 구릉, 고원, 사막, 산지 등이 골고루 갖추어져 있다.

3. 기후

남북으로 한대와 열대 기후에 걸쳐 있으며 동서로는 해양성 기후부터 내륙성 기후까지 나타난다. 동북지방은 겨울이 길고 여름이 짧은 반면 남부지방인 해남성(海南省 Hǎinánshěng)은 여름이 길고 겨울이 짧으며, 동부의 연해지방은 사계절이 분명하고 온난 습윤하다. 내륙으로 갈수록 건조하여 화남분지는 연간 강우량이 10㎜에도 미치지 않는다.

소 개

1
소개하겠습니다.

基本表现

A : 由我来介绍，这位是王先生。
Yóu wǒ lái jièshào, zhè wèi shì Wáng xiānsheng.

B : 我叫刘芳，初次见面，请多多关照。
Wǒ jiào Liú Fāng, chū cì jiàn miàn, qǐng duōduō guānzhào.

A : 제가 소개하겠습니다. 이분은 왕 선생님입니다.

B : 저는 류팡입니다, 처음 뵙겠습니다, 잘 부탁드립니다.

관련표현

❶ 能不能给我介绍 一下那位先生?
Néng bu néng gěi wǒ jièshào yíxià nà wèi xiānsheng?
제게 그분을 소개시켜 주시지 않겠습니까?

❷ 这是我妻子, 那是我儿子。
Zhè shì wǒ qīzi, nà shì wǒ érzi.
이쪽은 제 안사람이고, 저쪽은 제 아들입니다.

❸ 这位是我丈夫。
Zhè wèi shì wǒ zhàngfu.
이분은 제 남편입니다.

❹ 这位是我们公司科长。
Zhè wèi shì wǒmen gōngsī kèzhǎng.
이분은 저희 회사 과장님입니다.

연습

A : ＿＿＿＿＿＿＿＿，这位是王先生。
쩌 웨이 스 왕 시엔 셩
Yǒu wǒ lái jièshào, zhè wèi shì Wáng xiānsheng.

B : 我叫王文，初次见面，
워 쟈오 왕 원　추 츠 지엔 미엔
Wǒ jiào Wáng Wén, chū cì jiàn miàn,

请多多关照。
칭 뚸오 뚸어 꾸안 쟈오
qǐng duōduō guānzhào.

C : 我叫刘芳，初次见面，
워 쟈오 리우 팡　추 츠 지엔 미엔
Wǒ jiào Liú Fāng, chū cì jiàn miàn,

请多多关照。
칭 뚸오 뚸어 꾸안 쟈오
qǐng duōduō guānzhào.

해석

A : 제가 소개하겠습니다. 이분은 왕 선생님입니다.

B : 저는 왕문이라고 합니다, 처음 뵙겠습니다, 잘 부탁드립니다.

C : 저는 류팡이라고 합니다, 처음 뵙겠습니다, 잘 부탁드립니다.

알아두기 / 'A는 B이다.'

→ '是'는 'A 是 B'의 형태로 쓰여 'A는 B이다'의 의미를 나타냅니다. '是'의 부정은 '不是'로 '~가 아니다'의 뜻을 갖습니다. 또 '是'는 의문문에서 '是不是'의 형태로도 자주 쓰이는데 이때는 '~입니까 아닙니까, 혹은 ~이지요?'의 의미로 해석됩니다.

2
저 분은 누구세요?

A : 她是谁?
Tā shì shéi?

B : 她是刘芳。
Tā shì Liú Fāng.

A : 저분은 누구세요?

B : 저 사람은 류팡입니다.

관련표현

❶ 他是我的前辈 [后辈]。
Tā shì wǒ de qiánbèi [hòubèi].
그는 저의 선배[후배]입니다.

❷ 他是我的上司 [下属]。
Tā shì wǒ de shàngsī [xiàshǔ].
그는 나의 상사[부하]입니다.

❸ 他是我的同事。
Tā shì wǒ de tóngshì.
그는 저의 회사 동료입니다.

❹ 我们早就认识了。
Wǒmen zǎojiù rènshi le.
우리는 일찍이 아는 사이입니다.

연습

A : _______?
　　Tā shì shéi?

B : 她是刘芳。
　　Tā shì Liú Fāng.

A : 刘芳也是公司社员吗?
　　Liú Fāng yě shì gōngsī shèyuán ma?

B : 是。
　　Shì.

해석

A : 저분은 누구십니까?

B : 저 사람은 류팡입니다.

A : 류팡도 회사원입니까?

B : 네, 그렇습니다.

알아두기 / 선배와 후배

➡ 선후배를 나타내는 말로는 '前辈, 后辈' 외에 '长辈 zhǎngbèi' 와 '晚辈 wǎnbèi' 가 있는데 '长辈' 와 '晚辈' 는 나이를 기준으로 선후배를 분간할 때 주로 씁니다. 학교 선후배는 주로 '兄弟姊妹' 앞에 '师 shī' 를 붙여 지칭합니다. 즉, 남자 선배는 '师兄 shīxiōng', 여자 선배는 '师姐 shījiě', 남자 후배는 '师弟 shīdì', 여자 후배는 '师妹 shīmèi' 라고 말합니다.

3

성함이 어떻게 되세요?

2
소
개

基本表现

닌 꿰이 씽
A : 您贵姓?
Nín guì xìng?

워 쟈오 퍄오 쩡찐
B : 我叫朴正进。
Wǒ jiào Piáo Zhèngjìn.

A : 당신은 성함이 어떻게 되십니까?
B : 저는 박정진이라고 합니다.

관련표현

용 한쯔 쩐머 세
❶ 用汉字怎么写?
Yòng Hànzì zěnme xiě?
한자로 어떻게 씁니까?

쩌 스 워더 밍 피엔
❷ 这是我的名片。
Zhè shì wǒ de míngpiàn.
이것은 저의 명함입니다.

뚜이 부 치   워 메이 따이 밍 피엔
❸ 对不起, 我没带名片。
Duì bu qǐ, wǒ méi dài míngpiàn.
미안합니다. 저는 명함을 지니지 않았습니다.

워 스   쩡 찐 꿍쓰 더 퍄오 쩡찐
❹ 我是正进公司的朴正进。
Wǒ shì Zhèngjìn Gōngsī de Piáo Zhèngjìn.
저는 정진 회사의 박정진입니다.

2
소
개

연습

A : _________?
Nín guì xìng?

워 쟈오 퍄오 쩡찐
B : 我叫朴正进。
Wǒ jiào Piáo Zhèngjìn.

워 쟈오 린 쯔 잉　쩌 스 워 더 밍 피엔
A : 我叫林智英，这是我的名片。
Wǒ jiào Lín Zhīyīng, zhè shì wǒ de
míngpiàn.

씨에 셰
B : 谢谢。
Xièxie.

알아두기 / 이름 묻기

➡ 일반적으로 격의 없는 관계에서 상대의 이름을 물을 때는 '你叫什
么名字?'와 같은 표현을 씁니다. 이보다 조금 격식을 차려야 할
관계에서 '您贵姓?'을 사용하며, 풀이하면 '당신의 (귀한) 성은
무엇입니까' 입니다.

4
한국인이세요?

基本表現

찐 밍 더   시엔 셩   스   한 궈 런   마
A : 金明德先生是韩国人吗?
Jīn Míngdé xiānsheng shì Hánguórén ma?

스   워 스   한 궈 런
B : 是,我是韩国人。
Shì, wǒ shì Hánguórén.

A : 김명덕 선생님은 한국인입니까?
B : 네, 저는 한국인입니다.

관련표현

닌 스   나 궈 런
❶ 您是哪国人?
Nín shì nǎ guó rén?
당신은 어느 나라 사람입니까?

워 스   잉 궈 런   닌 너
❷ 我是英国人,您呢?
Wǒ shì Yīngguórén, nín ne?
영국인입니다. 당신은요?

워 스   쭝 궈 런
❸ 我是中国人。
Wǒ shì Zhōngguórén.
저는 중국인입니다.

워 스 메이 궈 런
❹ 我是美国人。
Wǒ shì Měiguórén.
저는 미국인입니다.

연습

A : 찐 밍 더 시엔 셩 스
金明德先生是________?
Jīn Míngdé xiānsheng shì Hánguórén ma?

B : 스 워 스 한 궈 런
是，我是韩国人。
Shì, wǒ shì Hánguórén.

A : 퍄오 시엔 셩 스 르 번 런 마
朴先生是日本人吗？
Piáo xiānsheng shì Rìběnrén ma?

C : 뿌 워 부 스 르 번 런 스 한 궈 런
不，我不是日本人，是韩国人。
Bù, wǒ búshì Rìběnrén, shì Hánguórén.

알아두기 / 나라 이름

日本 Rìběn 일본	印度 Yìndù 인도
新加坡 Xīnjiāpō 싱가포르	美国 Měiguó 미국
加拿大 Jiānádà 캐나다	英国 Yīngguó 영국
西班牙 Xībānyá 스페인	葡萄牙 Pútáoyá 포르투갈
德国 Déguó 독일	荷兰 Hélán 네덜란드
意大利 Yìdàlì 이탈리아	巴西 Bāxī 브라질

5

직업이 뭐세요?

基本表现

니 쭈오 선머 꿍 쭈오
A : 你做什么工作?
Nǐ zuò shénme gōngzuò?

워 스 쉬에 성
B : 我是学生。
Wǒ shì xuésheng.

A : 당신은 직업이 무엇입니까?
B : 저는 학생입니다.

관련표현

워 짜이 빠오 셔 꿍 쭈오
❶ 我在报社工作。
Wǒ zài bàoshè gōngzuò.
저는 신문사에서 일하고 있습니다.

워 스 지아 팅 주 푸
❷ 我是家庭主妇。
Wǒ shì jiātíng zhǔfù.
저는 가정주부입니다.

워 짜이 잉 예 마오 이 꿍 쓰
❸ 我在经营贸易公司。
Wǒ zài jīngyíng màoyì gōngsī.
저는 무역회사를 경영하고 있습니다.

워 짜이 쉬에 시 메이 슈
❹ 我在学习美术。
Wǒ zài xuéxí měishù.
저는 미술을 공부하고 있습니다.

연습

A : ______________________?
　　Nǐ zuò shénme gōngzuò?

B : 워 스 쉬에 성　　따 쉬에 얼 니엔 지
　　我是学生，大学2年级。
　　Wǒ shì xuésheng, dàxué èr niánjí.

　　쯔 잉 샤오 제 너
　　智英小姐呢?
　　Zhīyīng xiǎojiě ne?

A : 워 짜이 인 항 꽁 쭈오
　　我在银行工作。
　　Wǒ zài yínháng gōngzuò.

해석

A : <u>당신은 직업이 무엇
　　입니까?</u>

B : 저는 학생입니다. 대
　　학 2학년입니다. 지영
　　씨는요?

A : 저는 은행에 다니고
　　있습니다.

알아두기 / 의문 대명사 '什么'

➡ '什么'는 '무엇, 무슨, 어느, 어떤'이라는 의미를 갖고 있는 의문을
나타내는 대명사입니다. '~는 무엇입니까?' 하는 등의 문장에는
거의 이 '什么'가 사용됩니다. '什么'가 단독으로 쓰이면 불만이
나 놀람을 나타내는데 '뭐야!', '뭐라고?' 등으로 해석됩니다.

6

회사에서 무슨 일을 하세요?

基本表现

짜이 꿍쓰 리 쭈오 선 머 꿍 쭈오
A : 在公司里做什么工作?
Zài gōngsī li zuò shénme gōngzuò?

푸 저 샤오 쇼우 예 우
B : 负责销售业务。
Fùzé xiāoshòu yèwù.

A : 회사에서 무슨 일을 하세요?

B : 판매 업무를 담당하고 있습니다.

관련표현

짜이 따 쉬에 꿍 두 나 거 쭈안 예
❶ 在大学攻读哪个专业?
Zài dàxué gōngdú nǎ ge zhuānyè?
대학에서 무엇을 전공하고 계세요?

쉬에 찡 지 쉬에
❷ 学经济学。
Xué jīngjìxué.
경제학을 공부합니다.

샹 나 거 따 쉬에
❸ 上哪个大学?
Shàng nǎ ge dàxué?
어느 대학에 다니고 계세요?

짜이 나 거 꿍 쓰 꿍 쭈오
❹ 在哪个公司工作?
Zài nǎ ge gōngsī gōngzuò?
어느 회사에서 일하고 계세요?

2
소
개

연습

A : 짜이 따 쉬에 꽁 두 나 거 쭈안 예
在大学攻读哪个专业?
Zài dàxué gōngdú nǎ ge zhuānyè?

B : 워 짜이 꽁 두 찡 지 쉬에
我在攻读经济学,
Wǒ zài gōngdú jīngjìxué,

닌
您________________?
nín zài gōngsī li zuò shénme gōngzuò?

A : 워 푸 저 샤오 쇼우 예 우
我负责销售业务。
Wǒ fùzé xiāoshòu yèwù.

해석

A : 대학에서 무엇을 공
부하세요?

B : 경제학을 전공하고 있
습니다. 당신은 <u>회사
에서 무슨 일을 하세
요?</u>

A : 저는 판매 업무를 담
당하고 있습니다.

 **알아두기 / 직업 '工作'**

➡ '工作'는 우리말로는 '토목·건축·제조 등에 관한 일이나 어떤
일을 위해 사전에 준비함'을 뜻하지만 중국어에서는 명사로는
'일, 직업', 동사로는 '일하다'의 의미를 갖습니다. 직업이라는 의
미의 단어는 '工作' 외에 '职业(zhíyè 직업)'도 있습니다.

7

댁은 어디세요?

소개

基本表现

A : 你家在哪儿?
Nǐ jiā zài nǎr?

B : 我家在北京。
Wǒ jiā zài Běijīng.

A : 당신 댁은 어디세요?
B : 저의 집은 베이징에 있습니다.

관련표현

❶ 您的老家在哪儿?
Nín de lǎojiā zài nǎr?
당신의 고향은 어디입니까?

❷ 您住在什么地方?
Nín zhù zài shénme dìfang?
당신은 어디에 살고 계십니까?

❸ 我住在明洞附近。
Wǒ zhù zài Míngdòng fùjìn.
저는 명동 부근에 삽니다.

❹ 交通方便。
Jiāotōng fāngbiàn.
교통이 편리합니다.

연습

A : ____________?
Nǐ jiā zài nǎr?

B : 我家在北京, 金先生呢?
Wǒ jiā zài Běijīng, Jīn xiānsheng ne?

A : 我住在韩国汉城,
Wǒ zhù zài Hánguó Hànchéng,

交通虽不太方便,
jiāotōng suī bú tài fāngbiàn,

但是个好地方。
dànshì gè hǎo dìfang.

알아두기 / 의문 대명사 '哪'

→ '哪' 는 '어디, 어느 것' 이란 뜻으로 양사나 수량사를 동반하지 않
고 쓸 때 '什么' 와 같은 뜻으로 서로 바꿔 쓸 수 있습니다. '老家
在哪儿?' 의 '哪' 를 '什么' 로 바꿔 쓴다면 '老家在什么地方?' 이
됩니다.

8

어디에서 오셨어요?

2
소
개

基本表现

닌 스 총 나리 라이 더
A : 您是从哪里来的?
Nín shì cóng nǎli lái de?

워 스 총 한궈 라이 더
B : 我是从韩国来的。
Wǒ shì cóng Hánguó lái de.

A : 당신은 어디에서 오셨습니까?
B : 저는 한국에서 왔습니다.

관련표현

닌 슈씨 쩌리 마
❶ 您熟悉这里吗?
Nín shúxi zhèli ma?
이 주변을 잘 아세요?

워 예 쩡 샹 취 나리 너
❷ 我也正想去那里呢。
Wǒ yě zhèng xiǎng qù nàli ne.
저도 그곳에 가던 참입니다.

짜이 나 리 지엔 미엔바
❸ 在那里见面吧。
Zài nàli jiàn miàn ba.
거기에서 만나죠

워 따오 날 지우껀 닌 렌씨
❹ 我到那儿就跟您联系。
Wǒ dào nàr jiù gēn nín liánxì.
제가 그곳에 도착하면 바로 당신께 연락하겠습니다.

연습

A : 去哪里?
Qù nǎli?

B : 去天津。
Qù Tiānjīn.

A : 噢,太巧了,我就住在那儿,
Ō, Tài qiǎo le, wǒ jiù zhù zài nàr,

_________________?
nín shì cóng nǎli lái de?

B : 我是从韩国来的,正在休假。
Wǒ shì cóng Hánguó lái de, zhèngzài
xiūjià.

해석

A : 어디까지 가세요?

B : 천진이요.

A : 와, 우연이네요! 저 거기 살아요. <u>어디에서 오셨어요?</u>

B : 한국이요. 휴가를 얻어 왔어요.

알아두기 / 출신지 묻기

→ '你是从哪里来的?'는 '당신은 어디에서 왔습니까?'라는 표현인데 상대방이 내국인이건 외국인이건 상관하지 않고 씁니다. 내국인에게 물을 때는 어느 지역 사람인지를 묻는 것이고 외국인에게 물을 때는 어느 나라 사람인지를 묻는 것이 됩니다. 이 문장은 '是'를 생략하여 표현하기도 합니다. 중국인들은 또한 이 문장을 축약해서 '你是哪儿的?'라고도 사용합니다.

중국의 민족과 국기·국장

1. 중국의 민족

다민족 국가인 중국의 인구는 13억 이상이라고 보고되고 있다. 중국의 민족은 인구의 94% 정도가 한족(汉族 Hànzú)이고, 나머지 6%에 장족·회족·묘족·조선족 등 55개 소수민족이 포함되어 있다. 소수민족은 중국의 민족 정책에 따라 자치구에서 문화와 풍습을 보존하며 생활하고 있지만 한족의 대량 이주 정책으로 어느 소수민족 지역에도 한족이 거주하여 서로 동화되고 있는 실정이다. 그래서 고유의 생활을 지키는 민족은 많지 않다. 실제로 만주족처럼 언어와 문자를 잊고 한족에 거의 동화된 민족도 있다.

2. 오성홍기(五星红旗 Wǔxīng Hóngqí)

중국의 국기는 1949년 인민정치협상회의에서 결정되었다. 좌측 상단에 다섯 개의 별이 있는데, 이중 가장 큰 별은 중국 공산당을 상징하고 나머지 네 개의 별은 모택동이 분류한 노동자·농민·도시소자본계급·민족자산계급을 말한다. 결국 다섯 개의 별은 '중국 공산당 영도 하에 중국 인민이 단결한다.'는 뜻이다. 별은 황색, 바탕색은 홍색인데 황색 별은 황색인종을, 붉은 바탕은 공산당 혁명을 의미한다.

3. 중국 국장

중국 국장은 다섯 개의 별이 천안문을 비추고 그 주위를 이삭과 톱니바퀴가 감싸고 있는 모양을 한 도안이다. 천안문은 중국의 민족정신을 상징하고 톱니와 이삭은 노동자·농민을 의미한다. 다섯 개의 별은 국기에서와 같은 의미이다.

제 3장

감사 · 사과 · 축하

1. 감사합니다.
2. 폐 많이 끼쳤습니다.
3. 죄송해요, 늦잠을 잤어요.
4. 새해 복 많이 받으세요.

1

감사합니다.

基本表现

씨에 세
A : 谢谢。
Xièxie.

부용 씨에　　부 씨에
B : 不用谢。(不谢。)
Bú yòng xiè.(Bú xiè.)

A : 감사합니다.

B : 아닙니다.

관련표현

페이 창 간 씨에
❶ 非常感谢。
Fēicháng gǎnxiè.
대단히 감사합니다.

부 커 치
❷ 不客气!
Bú kèqi!
사양하지 마세요./ 별말씀을요.

요우 쫑 더 간 씨에 닌
❸ 由衷地感谢您。
Yóu zhōng de gǎnxiè nín.
충심으로 감사드립니다.

간 씨에 니 뚜오 팡 빵 망
❹ 感谢你多方帮忙。
Gǎnxiè nǐ duōfāng bāngmáng.
여러 가지로 도와주셔서 감사합니다.

연습

A : 刘芳，需要我帮忙吗？
^{리우 팡　쉬 야오　워 빵 주 마}
Liú Fāng, xūyào wǒ bāng máng ma?

B : 你能教我操作法吗？
^{니 넝 쟈오 워 차오 쭈오 파 마}
Nǐ néng jiāo wǒ cāozuòfǎ ma?

A : 当然可以。
^{땅 란 커 이}
Dāngrán kěyǐ.

B : ____。
Xièxie.

A : 不用谢。
^{부 용 셰}
Bú yòng xiè.

해석

A : 류팡, 저의 도움이 필요하신가요?

B : 저에게 작동법을 알려주실 수 있나요?

A : 물론 됩니다.

B : 감사합니다.

A : 아닙니다.

 **알아두기 / 감사합니다.**

➡ '谢谢'는 '你好！(Nǐ hǎo!)'와 함께 우리 나라 사람들이 가장 많이 알고 있는 중국어입니다. 뜻은 '고맙습니다.'라는 의미이며 '谢谢你。(당신께 감사합니다.)'처럼 뒤에 감사하는 대상을 붙여 쓰기도 합니다. 비슷한 표현으로는 '感谢(gǎnxiè 감사합니다.)' 등이 있습니다.

2

폐 많이 끼쳤습니다.

基本表现

A : 上次给你添了不少麻烦。
Shàng cì gěi nǐ tiān le bù shǎo máfan.

B : 哪里哪里。
Nǎli nǎli.

A : 요전에는 당신께 폐 많이 끼쳤습니다.
B : 별말씀을요.

관련표현

❶ 辛苦了。
xīnkǔ le.
수고하셨습니다.

❷ 不辛苦。
Bù xīnkǔ.
수고롭지 않습니다.

❸ 这件事，多亏你帮助。
Zhè jiàn shì, duōkuī nǐ bāngzhù.
이 일은 당신의 도움 덕택입니다.

❹ 哪儿的话。
Nǎr de huà.
무슨 말씀이세요.

연습

A : 啊哟, 这不是金明德吗?
Āyō, zhè búshì Jīn Míngdé ma?

你怎么来了?
Nì zěnme lái le?

B : 我有点儿事儿。
Wǒ yǒu diǎnr shìr.

A : ________________________________。
Shàng cì gěi nǐ tiān le bù shǎo máfan.

B : 哪里哪里。
Nǎli nǎli.

해석

A : 어머, 김명덕 씨 아니
세요? 어쩐 일로 오
셨어요?

B : 좀 볼일이 있어서요.

A : <u>요전에는 당신께 폐
많이 끼쳤습니다.</u>

B : 아니오, 별말씀을요.

알아두기 / 무슨 말씀이세요. '哪儿的话'

➡ '哪里哪里.' 는 '무슨 말입니까?, 아닙니다.' 정도로 해석됩니다.
유사한 표현으로 '说到哪儿去了? (Shuō dào nǎr qù le?)' 가 있는
데 직역하면 '당신의 이야기가 어디로 갑니까?' 가 됩니다. 모두
칭찬을 들었을 때 겸손하게 상대의 말을 부정하는 말입니다. 우
리의 언어 습관대로 의역을 한다면 '천만에요.', '무슨 말씀이세
요.' 의 뜻입니다.

3

죄송해요, 늦잠을 잤어요.

基本表现

A : 张大伟, 这是怎么回事?
Zhāng Dàwěi, zhè shì zěnme huíshì?

B : 对不起, 我睡懒觉了。
Duì bu qǐ, wǒ shuì lǎn jiào le.

A : 장대위 씨, 이게 어떻게 된 거에요?

B : 죄송합니다, 제가 늦잠을 잤어요.

관련표현

❶ 对不起, 我来晚了。
Duì bu qǐ, wǒ lái wǎn le.
미안합니다. 제가 늦었습니다.

❷ 很抱歉。
Hěn bàoqiàn.
죄송합니다.

❸ 请原谅我。
Qǐng yuánliàng wǒ.
저를 용서해 주세요.

❹ 不是那个意思。
Bú shì nà ge yìsi.
그런 뜻이 아니었습니다.

연습

해석

A : 张大伟，这是怎么回事？
Zhāng Dàwěi, zhè shì zěnme huíshì?

B : ＿＿＿＿＿＿＿＿＿＿＿＿。
Duì bu qǐ, wǒ shuì lǎn jiào le.

A : 从明天起注意点儿。
Cóng míngtiān qǐ zhùyì diǎnr.

B : 是，知道了。
Shì, zhīdào le.

해석

A : 장대위 씨, 이게 어떻게 된 거에요?

B : 죄송합니다. 늦잠을 잤어요.

A : 내일부터는 주의하세요.

B : 네, 알겠습니다.

알아두기 / 의문 대명사 '怎么'

→ 의문 대명사 '怎么'는 '어떻게, 왜, 어째서'의 의미를 나타내는데 주로 성질이나 상황, 방식, 원인 등을 물을 때 사용합니다.

4
새해 복 많이 받으세요.

基本表现

성 니엔 콰이 러
A : 新年快乐!
Xīnnián kuàilè!

씬 니엔 하오　　찐 니엔 예 취엔 카오 닌 러
B : 新年好! 今年也全靠您了。
Xīnnián hǎo! Jīnnián yě quán kào nín le.

A : 새해 복 많이 받으세요!

B : 새해 복 많이 받으세요! 올해도 잘 부탁드려요.

관련표현

성 딴 지에 콰이 러
❶ 圣诞节快乐!
Shèngdàn Jié kuàilè!
메리 크리스마스!

쭈 니 셩르 콰이 러
❷ 祝你生日快乐!
Zhù nǐ shēngrì kuàilè!
생일 축하해요!

쭈 허 니 삐예
❸ 祝贺你毕业!
Zhùhè nǐ bìyè!
졸업 축하드려요!

쭈 니 씬 더 이 니엔 리　씬 샹 스 청
❹ 祝你新的一年里心想事成!
Zhù nǐ xīn de yì nián lǐ xīn xiǎng shì chéng!
새해에는 생각하시는 일이 잘 되기를 바랍니다!

연습

A : ____________! 恭喜发财!

꽁 씨 파 차이

Xīnnián kuàilè! Gōngxǐ fā cái!

B : 新年好! 今年也全靠你了。

씬 니엔 하오   찐 니엔 예 취엔 카오 니 러

Xīnnián hǎo! Jīnnián yě quán kào nǐ le.

A : 老王, 今年有什么计划?

라오 왕   찐 니엔 요우 선 머   지 화

Lǎo Wáng, jīnnián yǒu shénme jìhuà?

B : 没有什么特别的计划。

메이 요우 선 머   터 비에 더   지 화

Méi yǒu shénme tèbié de jìhuà.

해석

A : <u>새해 복 많이 받으세요! 돈 많이 버세요!</u>

B : 새해 복 많이 받으세요! 올해도 잘 부탁드립니다.

A : 왕 형, 올해는 어떤 계획이 있으신가요?

B : 특별한 계획은 없습니다.

알아두기 / 새해 인사

‘新年好。’는 새해 인사말로 ‘새해 복 많이 받으세요.’라는 의미입니다. 비슷한 말로는 ‘过年好。(Guònián hǎo.)’, ‘新年快乐。(Xīnnián kuàilè.)’ 등이 있으며 ‘恭喜发财。(Gōngxǐ fā cái. 돈 많이 버세요.)’도 중국인들이 새해 인사로 자주 쓰는 표현입니다. 어떤 명절이나 특정한 날에 대한 인사를 하려면 ‘新年好。’, ‘圣诞节好。(Shèngdàn Jié hǎo. 즐거운 성탄이 되시기 바랍니다.)’처럼 특정한 날에 ‘好’를 붙여 말하면 됩니다.

사교 장소에서의 감사 표현법

사교 장소에서 다른 사람이 술을 따라주면 검지와 중지로 탁자를 두 번 가볍게 두드리는 중국인을 흔히 볼 수 있다. 그뿐만 아니라 담배(香烟 xiāngyān)를 권하고 불을 붙여준 사람에게도 가볍게 손등을 손가락으로 두 번 두드리는 것을 볼 수 있는데, 이런 행동들은 모두 약식으로 예의를 표하는 감사의 표현법이다. 이 행동의 유래는 청나라(淸朝) 건륭(乾隆) 황제로부터 시작되었다고 한다.

어느 날 건륭 황제가 일반인의 차림으로 백성을 순시하고 궁으로 돌아오는 길에 날이 저물었다. 허기를 느끼던 차에 한 민가에 들러 접대를 받게 되었는데, 그 자리에서 황제의 잔을 받은 신하는 궁궐에서와 같은 방법으로 무릎을 꿇고 감사를 표할 수는 없었다. 그래서 두 손가락으로 탁자를 두 번 가볍게 두드리는 것으로 황제에게 감사를 표했다고 한다. 이런 감사 표현 방식은 중국 전역에 널리 퍼져 있지만 특히 남방지역에 가면 많이 볼 수 있다. 이 약식 감사 표현법은 친구나 허물없는 사람 간에는 잘 사용하지 않는데 일반적으로 접대 장소나 약간 거리가 있는 타인에게 행하는 일종의 사교 예절인 것이다.

날짜 · 시간 · 나이

1

오늘은 몇 월 며칠입니까?

基本表现

찐 티엔 스 지 웨 지 하오
A : 今天是几月几号?
Jīntiān shì jǐ yuè jǐ hào?

치 웨 얼스싼 하오
B : 七月二十三号。
Qī yuè èrshísān hào.

A : 오늘은 몇 월 며칠입니까?
B : 7월 23일입니다.

관련표현

❶
이 웨	얼 웨	싼 웨	쓰 웨	우 웨	리우 웨
一月	二月	三月	四月	五月	六月
yī yuè	èr yuè	sān yuè	sì yuè	wǔ yuè	liù yuè
1월	2월	3월	4월	5월	6월

치 웨	빠 웨	지우 웨	스 웨	스 이 웨	스 얼 웨
七月	八月	九月	十月	十一月	十二月
qī yuè	bā yuè	jiǔ yuè	shí yuè	shíyī yuè	shí'èr yuè
7월	8월	9월	10월	11월	12월

니 더 성르 스 지웨지 하오
❷ 你的生日是几月几号?
Nǐ de shēngrì shì jǐ yuè jǐ hào?
당신의 생일은 몇 월 며칠입니까?

워 더 성르 스 지우 웨 얼스싼 하오
❸ 我的生日是九月二十三号。
Wǒ de shēngrì shì jiǔ yuè èrshísān hào.
저의 생일은 9월 23일입니다.

연습

A : _________________________?
　　Jīntiān shì jǐ yuè jǐ hào?

B : 七月二十三号。
　　Qī yuè èrshísān hào.

A : 从哪天开始放暑假?
　　Cóng nǎ tiān kāishǐ fàng shǔjià?

B : 从二十九号开始。
　　Cóng èrshíjiǔ hào kāishǐ.

해석

A : <u>오늘은 몇 월 며칠입니까?</u>

B : 7월 23일입니다.

A : 여름휴가는 언제부터 입니까?

B : 29일부터입니다.

알아두기 / 중국어 날짜 읽기

➡ 중국어에서 월(月)을 표현하는 방식은 우리말과 같지만 날짜의 표현법은 조금 다릅니다. 날(日)의 표현은 구어체에서는 '号'를 쓰고 문어체(서면어)에서는 '日'를 씁니다. 하루, 이틀 할 때처럼 날짜의 수량을 세어야 하는 경우에는 '号'가 아닌 '天'을 씁니다.

五月五日　wǔ yuè wǔ rì　5월 5일
三天以内　sān tiān yǐnèi　3일 이후

53

2

오늘이 무슨 요일이지요?

基本表現

찐 티엔 씽 치 지
A : 今天星期几?
Jīntiān xīngqī jǐ?

찐 티엔 스 씽 치 얼
B : 今天是星期二。
Jīntiān shì xīngqī'èr.

A : 오늘이 무슨 요일이지요?
B : 오늘은 화요일입니다.

관련표현

시아 거 웨 요우 이 거 씽 치 더 롄 시우
❶ 下个月有一个星期的连休。
Xià ge yuè yǒu yí ge xīngqī de liánxiū.
다음 달에 일주일간의 연휴가 있습니다.

샹 씽 치 쓰 지엔러 펑 요우
❷ 上星期四见了朋友。
Shàng xīngqīsì jiànle péngyou.
지난 주 목요일에 친구를 만났습니다.

쩌 조우 씽 치 우 스 얼스치 하오
❸ 这周星期五是二十七号。
Zhè zhōu xīngqīwǔ shì èrshíqī hào.
이번 주 금요일은 27일입니다.

지에 즈 따오 시아 시아 씽 치   이 딩 야오 완 청
❹ 截止到下下星期一定要完成。
Jiézhǐ dào xià xià xīngqī yídìng yào wánchéng.
다음 다음 주까지 반드시 끝내 주세요.

연습

A : ＿＿＿＿＿＿＿＿？
Jīntiān xīngqī jǐ?

B : 今天是星期二。
Jīntiān shì xīngqī'èr.

A : 那么，明天就是星期三，
Nàme, míngtiān jiùshì xīngqīsān,

明天干什么？
míngtiān gàn shénme?

B : 我去学校上课。
Wǒ qù xuéxiào shàng kè.

알아두기 / 중국어의 요일 표현

월요일	화요일	수요일	목요일	금요일	토요일	일요일
星期一	星期二	星期三	星期四	星期五	星期六	星期天(日)
xīngqīyī	xīngqī'èr	xīngqīsān	xīngqīsì	xīngqīwǔ	xīngqīliù	qīngqītiān(rì)

＊ '星期' 대신 '礼拜(lǐbài)' 를 쓸 수도 있습니다.

3

지금 몇 시에요?

基本表现

시엔 짜이 지 디엔
A : 现在几点?
Xiànzài jǐ diǎn?

스 얼 디엔
B : 12点。
Shí'èr diǎn.

A : 지금 몇 시입니까?
B : 12시입니다.

관련표현

시엔 짜이지 디엔 지 펀
❶ 现在几点几分？　Xiànzài jǐ diǎn jǐ fēn?
지금 몇 시 몇 분입니까?

시아 우 이 디엔 빤
❷ 下午一点半。　Xiàwǔ yì diǎn bàn.
오후 1시 반입니다.

콰이 쓰 디엔 러
❸ 快四点了。　Kuài sì diǎn le.
곧 4시가 됩니다.

우 디엔 링 리우 펀
❹ 五点零六分。　Wǔ diǎn líng liù fēn.
5시 6분입니다.

차 이 커 리우디엔
❺ 差一刻六点。　Chà yí kè liù diǎn.
15분 전 6시.

차 우 펀쓰 디엔러
❻ 差5分4点了。　Chà wǔ fēn sì diǎn le.
4시 5분 전입니다.

연습

A : 칭 원
请问, ＿＿＿＿＿＿＿＿？
Qǐngwèn, xiànzài jǐ diǎn?

B : 스 얼 디엔
十二点
Shí'èr diǎn.

A : 나 머　시엔 짜이 스 우 판 러 바
那么, 现在是午饭了吧。
Nàme, xiànzài shì wǔfàn le ba.

B : 뿌　우 판 스 총 스 얼 디엔
不, 午饭是从十二点
Bù, wǔfàn shì cóng shí'èr diǎn

빤 카이 스
半开始。
bàn kāishǐ.

알아두기 / 중국어의 시간 표현

➡ 시간을 물을 때 시간은 시(時) 대신 '点(diǎn)'을 쓰고 분과 초는 우리말과 같이 '分(fēn)'과 '秒(miǎo)'를 씁니다. 가령 3시 35분 7초는 '三点三十五分七秒。'가 됩니다. 2시는 '二点'이 아니라 '两点(liǎng diǎn)'이라고 해야 합니다. 30분은 '三十分(sānshí fēn)' 또는 '半(bàn)'으로, 15분은 '十五分(shíwǔ fēn)' 또는 '一刻(yí kè)'라고 하면 됩니다.

4

어느 정도 걸립니까?

基本表现

따오쉬에 샤오 쉬 야오 뚜오 창 스 지엔
A : 到学校需要多长时间？
Dào xuéxiào xūyào duōcháng shíjiān?

따 웨 쉬 야오 량 거 샤오 스
B : 大约需要两个小时。
Dàyuē xūyào liǎng ge xiǎoshí.

A : 학교까지 어느 정도 걸립니까?
B : 대략 2시간 정도 걸립니다.

관련표현

리 쉬에 샤오 웬 마
❶ 离学校远吗？
Lí xuéxiào yuǎn ma?
학교까지 멉니까?

조우 저 쉬 야오 스 펀 종
❷ 走着需要10分钟。
Zǒuzhe xūyào shí fēn zhōng.
걸어서 10분 걸립니다.

쭈오 띠 티에 쉬 야오 쓰스 펀 쫑
❸ 坐地铁需要四十分钟。
Zuò dìtiě xūyào sìshí fēn zhōng.
지하철로 40분 걸립니다.

연습

A : 刘芳小姐每天什么时候
Liú Fāng xiǎojiě měitiān shénme shíhou

从家出来？
cóng jiā chū lái?

B : 六点半左右从家出来。
Liù diǎn bàn zuǒyòu cóng jiā chū lái.

A : 是吗？那么早啊？
Shì ma? nàme zǎo a?

从家______________________?
cóng jiā dào xuéxiào xūyào duōcháng
shíjiān?

B : 大约需要两个小时。
Dàyuē xūyào liǎng ge xiǎoshí.

5

시계가 맞나요?

基本表现

쩌 거 뱌오 준 마
A : 这个表准吗?
Zhège biǎo zhǔn ma?

나 거 뱌오 콰이 우 펀 종
B : 那个表快5分钟。
Nàge biǎo kuài wǔ fēn zhōng.

A : 이 시계는 맞습니까?

B : 그 시계는 5분 빠릅니다.

관련표현

쩌 거 뱌오콰이량 펀 종
❶ 这个表快两分钟。
Zhège biǎo kuài liǎng fēn zhōng.
이 시계는 2분 빠릅니다.

쩌 거 뱌오 만 량 펀 종
❷ 这个表慢两分钟。
Zhège biǎo màn liǎng fēn zhōng.
이 시계는 2분 느립니다.

쩌 거 뱌오하오 샹콰이 싼 펀 종주오 요우
❸ 这个表好象快三分钟左右。
Zhège biǎo hǎoxiàng kuài sān fēn zhōng zuǒyòu.
이 시계는 3분 정도 빠른 것 같습니다.

바 뱌오탸오콰이 러 량 펀 종
❹ 把表调快了两分钟。
Bǎ biǎo tiáo kuài le liǎng fēn zhōng.
시계를 2분 빨리 해놓았습니다.

연습

A : 约定是几点?
Yuēdìng shì jǐ diǎn?

B : 两点钟。
Liǎng diǎn zhōng.

A : _________________?
Zhège biǎo zhǔn ma?

B : 那个表快五分钟,
Nàge biǎo kuài wǔ fēn zhōng,

快走吧,要不,赶不上了。
kuài zǒu ba, yàobù, gǎn bu shàng le.

해석

A : 약속이 몇 시에요?

B : 2시요.

A : <u>이 시계는 맞습니까?</u>

B : 그 시계는 5분 빠릅니다. 빨리 갑시다. 그렇지 않으면 시간에 댈 수 없겠네요.

 **알아두기 / 의문사 '吗'**

➡ '吗'는 단독으로 쓰일때 '~입니까?' 하는 의문문을 구성하는 의문조사인데, 앞에 '是'와 결합하면 'A 是 B 吗?'의 형태가 되며 'A는 B입니까?'로 해석됩니다. 만일 앞에 '是'가 아닌 '不是'와 결합하게 되면 'A 不是 B 吗?' 형태가 되어 'A는 B가 아닙니까?'로 해석됩니다. 또 '吗'는 '是不是'와는 함께 쓸 수 없는데 이것은 '是不是'가 이미 의문을 나타내기 때문에 의문문의 중복을 피하기 위해 함께 쓰지 않습니다.

6
나이가 어떻게 되세요?

基本表現

찐 니엔 뚜오 따 러
A : 今年多大了?
Jīnnián duōdà le?

얼 스 치 쉐이
B : 27岁。
Èrshíqī suì.

A : 나이가 어떻게 되세요?
B : 27세입니다.

관련표현

푸 무 뚜오 따 쉐이 슈
❶ 父母多大岁数。
Fùmǔ duōdà suìshu?
부모님은 연세가 어떻게 되세요?

나 니엔 추 성 더
❷ 哪年出生的?
Nǎ nián chūshēng de?
몇 년 생이세요?

워 스 이 지우 치 쓰 니엔 추 성 더
❸ 我是1974年出生的。
Wǒ shì yī jiǔ qī sì nián chūshēng de.
저는 1974년생입니다.

니 더 슈 샹 스 션 머
❹ 你的属相是什么?
Nǐ de shǔxiang shì shénme?
당신의 띠는 무엇입니까?

연습

A : 请问, _______________?
　　Qǐngwèn, jīnnián duōdà le?

B : 27岁, 你呢?
　　Èrshíqī suì, nǐ ne?

A : 三十五岁。
　　Sānshíwǔ suì.

B : 看起来很年轻。
　　Kàn qǐ lái hěn niánqīng.

해석

A : 실례지만, <u>나이가 어떻게 되세요?</u>

B : 27살입니다. 당신은요?

A : 저는 35살입니다.

B : 매우 젊어 보이시네요.

알아두기 / 나이를 묻는 표현

➡ '今年多大岁数?'는 '올해 나이가 어떻게 됩니까?' 하고 상대방의 나이를 묻는 표현입니다. 이 표현은 자신보다 나이가 어리거나 같은 경우에 사용합니다. 같은 표현으로는 '今年多大了?' 등이 있습니다. '今年几岁了?'라는 표현도 있는데 '几'를 사용한 이 표현은 10세 이하의 어린이에게 쓰는 표현입니다. 나이가 같거나 많은 사람의 나이를 물을 때는 '多大年纪了?'라고 씁니다.

7

몇 살 차이가 나나요?

基本表现

니 껀 메이 메이 차 지 쒜이
A : 你跟妹妹差几岁？

Nǐ gēn mèimei chà jǐ suì?

워 비 타 따 량 쒜이
B : 我比她大两岁。

Wǒ bǐ tā dà liǎng suì.

A : 당신과 당신 여동생은 몇 살 차이가 나나요?

B : 제가 여동생보다 2살 위입니다.

관련표현

워 스 완 뻬이
❶ 我是晚辈。

Wǒ shì wǎnbèi.

제가 (나이가) 아래입니다.

워 허 타 통 쒜이
❷ 我和他同岁。

Wǒ hé tā tóng suì.

저와 그는 동갑입니다.

호우 뻬이 비 워 샤오 량 쒜이
❸ 后辈比我小两岁。

Hòubèi bǐ wǒ xiǎo liǎng suì.

후배는 저보다 2살 아래입니다.

타 스 비 워 따 싼 쒜이 더 치엔 뻬이
❹ 她是比我大三岁的前辈。

Tā shì bǐ wǒ dà sān suì de qiánbèi.

그녀는 저보다 3살 위인 선배입니다.

연습

A : 刘芳先生是老大吗?
리우 팡 시엔 성 스 라오 따 마
Liú Fāng xiānsheng shì lǎodà ma?

B : 对, 我是老大。
뚸이 워 스 라오 따
Duì, wǒ shì lǎodà.

A : ___________________ ?
Nǐ gēn mèimei chà jǐ suì?

B : 我比她大两岁。
워 비 타 따 량 쒜이
Wǒ bǐ tā dà liǎng suì.

해석

A : 류팡 씨는 맏이인가
요?

B : 네, 저는 맏이입니다.

A : 당신과 여동생과는 몇
살 차이가 나나요?

B : 제가 그녀보다 2살 위
입니다.

알아두기 – 비교 구문

➡ ‘我比她大两岁.’는 ‘비교 주체+比+비교 대상+비교의 결과’의 구
조로 되어 있는 비교 구문입니다. 예문은 ‘나는 그녀(여동생)와
비교하여 두 살이 많다.’로 해석됩니다. 비교 결과에 구체적인 설
명이 필요할 경우에는 비교 결과 뒷부분에 설명을 추가합니다. 예
문에서는 ‘大’를 결과(나이가 많다는 결론)로, ‘两岁’를 설명(얼
마나 많은지의 설명)으로 볼 수 있습니다.

중국의 언어와 문자

1. 중국의 언어

중국은 다양한 민족으로 구성되어 있고 소수민족 가운데 여러 민족들은 자신들의 언어를 가지고 있다. 광대한 영토를 가지다 보니 각 지역은 나름대로의 방언을 갖게 되었고, 같은 한족일지라도 다른 지역 사람들과의 의사소통이 이루어지지 않는 경우가 많았다. 예를 들면 북경 사람과 광동 사람은 대화로는 전혀 의사소통을 할 수 없다고 한다. 이러한 실정 때문에 소수민족과 한족, 혹은 한족과 한족간의 의사소통을 위한 공통어가 필요하게 되었다.

중국어의 공통어를 보통화(普通话 pǔtōnghuà)라고 하는데, 이것은 북경음을 표준음으로 하고 북경어를 기초 방언으로하며 모범적인 현대 구어문을 문법의 규범으로 한 한어(汉语 Hànyǔ)를 가리키는 말이다. 우리가 일반적으로 중국어라고 부르는 중국말이 바로 이 보통어인 것이다. 현재 텔레비전 방송, 학교 교육 등을 통해 널리 보급되고 있어 이 보통화만 하면 중국 어느 곳에 가더라도 큰 무리 없이 의사소통을 할 수 있다.

2. 중국의 문자

중국에서는 시대의 흐름에 따라 새로운 한자들이 많이 생겨났지만 한편으로는 문맹의 퇴치와 간편하고 정확한 정보 전달을 위해서 꾸준히 한자의 간략화가 이루어졌다. 간체자(简体字 jiǎntǐzì) 역시 이러한 필요에 의해서 생겨난 것인데 필획을 줄이거나 이체자를 묶는 등의 방법으로 만들었으며, 1955년 제정되어 오늘날 중국 대륙에서 국가 공인의 정규 문자로 사용하고 있다. 간체자에 반해 우리가 사용하고 있는 전통적인 글자체의 한자, 즉 정자는 번체자(繁体字 fántǐzì)라고 한다.

제 **5** 장

가　족

1
가족이 몇 분이세요?

基本表現

니 쟈 요우 지 코우 런
A : 你家有几口人?
Nǐ jiā yǒu jǐ kǒu rén?

워 쟈 요우 쓰 코우 런
B : 我家有四口人。
Wǒ jiā yǒu sì kǒu rén.

A : 당신의 가족은 몇 분이세요?
B : 우리 가족은 네 명입니다.

관련표현

짜이 시옹 띠 제 메이 쭝 파이 라오 지
❶ 在兄弟姐妹中排老几?
Zài xiōngdì jiěmèi zhōng pái lǎo jǐ?
형제 중에 몇 번째입니까?

워 스 라오 따
❷ 我是老大。
Wǒ shì lǎodà.
저는 맏이입니다.

또우요우 션 머 런
❸ 都有什么人?
Dōu yǒu shénme rén?
모두 누구 누구입니까?

워 스 시옹 띠 제 메이 쭝 쭈에이 샤오 더
❹ 我是兄弟姐妹中最小的。
Wǒ shì xiōngdì jiěmèi zhōng zuì xiǎo de.
형제자매 중 막내입니다.

두 성 즈
❺ 独生子。 Dúshēngzǐ.
외아들입니다.

연습

A : _________________?
Nǐ jiā yǒu jǐ kǒu rén?

B : 我家有四口人。
Wǒ jiā yǒu sì kǒu rén.

A : 都有什么人?
Dōu yǒu shénme rén?

B : 除父母外还有一个姐姐。
Chú fùmǔ wài háiyǒu yí ge jiějie.

A : 姐姐也是学生吗?
Jiějie yě shì xuésheng ma?

B : 不, 姐姐是会社社员。
Bù, jiějie shì huìshè shèyuán.

해석

A : <u>당신 댁의 가족은 몇 분이세요</u>?

B : 저의 가족은 모두 네 명입니다.

A : 모두 누구 누구죠?

B : 부모님 외에 누나가 한 분 있습니다.

A : 누나도 학생입니까?

B : 아닙니다, 누나는 회사원입니다.

알아두기 / 사람의 수를 묻는 양사

➡ '你家有几口人? ' 는 상대방의 가족의 수를 묻는 말입니다. 문장 가운데 '口' 는 '명' 의 의미로 사람의 숫자를 세는 양사입니다. '口' 대신 '个' 나 '位' 를 쓸 수도 있는데, '位' 는 사람의 수를 정중하게 물을 때 쓰는 양사로 '분' 의 의미입니다.

2

자제분이 몇이세요?

基本表现

닌 요우 지 거 하이즈
A : 您有几个孩子？
Nín yǒu jǐ ge háizi?

워 요우 량 거 하이즈 니 너
B : 我有两个孩子。你呢？
Wǒ yǒu liǎng ge háizi. Nǐ ne?

A : 자제분이 몇이세요?
B : 저는 아이가 둘 있습니다. 당신은요?

관련표현

니 요우 하이 즈 마
❶ 你有孩子吗？
Nǐ yǒu háizi ma?
자제분이 있으신가요?

요우 스 얼즈 뉘얼
❷ 有，是儿子[女儿]。
Yǒu, shì érzi [nǚr].
아들[딸]입니다.

싼 거 또우 스 뉘얼
❸ 三个都是女儿。
Sān ge dōu shì nǚr.
셋 모두 딸입니다.

따 더 스 얼즈 샤오 더 스 뉘얼
❹ 大的是儿子，小的是女儿。
Dà de shì érzi, xiǎo de shì nǚr.
큰애가 아들이고, 작은애가 딸이에요.

연습

A : ______________?
Nǐ yǒu jǐ ge háizi?

B : 我有两个孩子,你呢?
Wǒ yǒu liǎng ge háizi, nǐ ne?

A : 我也是有两个孩子,
Wǒ yě shì yǒu liǎng ge háizi,

你的孩子都上小学吗?
nǐ de háizi dōu shàng xiǎoxué ma?

B : 是的。
Shìde.

해석

A : 당신은 <u>아이가 몇이세요</u>?

B : 저는 아이가 둘 있습니다. 당신은요?

A : 저도 둘 있습니다. 당신의 아이들은 모두 초등학교에 다닙니까?

B : 그렇습니다.

알아두기 / 가족 간의 호칭

爸爸	bàba	아버지	妈妈	bàba	어머니	爷爷	yéye 할아버지
奶奶	nǎinai	할머니	叔叔	shūshu	삼촌	姑妈	gūmǎ 고모
哥哥	gēge	형/오빠	姐姐	jiějie	언니/누나	妹妹	mèimei 여동생
弟弟	dìdi	남동생	女儿	nǚ'er	딸	儿子	érzi 아들

3

결혼하셨어요?

基本表现

니 지에 훈 러 마

A : 你结婚了吗?
Nǐ jiéhūn le ma?

하이 메이 요우

B : 还没有。
Hái méiyou.

A : 결혼하셨어요?
B : 아직 안 했습니다.

관련표현

스 딴션

❶ 是单身。
Shì dānshān.
혼자 삽니다.

껀 치즈 이 치 셩 후오

❷ 跟妻子一起生活。
Gēn qīzi yìqǐ shēnghuó.
처와 같이 삽니다.

지에 훈 뚜오 샤오 니엔 라

❸ 结婚多少年啦?
Jiéhūn duōshao nián la?
결혼한 지 얼마나 되셨어요?

량 웨이 스 션 머 스 호우 런 스 더

❹ 两位是什么时候认识的?
Liǎng wèi shì shénme shíhou rènshi de?
두 분은 언제 알게 되셨어요?

연습

A : 왕 린   시엔 성
　　王林先生＿＿＿＿＿＿?
　　Wáng lín xiānsheng jiéhūn le ma?

B : 스 더　취 니엔 지에 더　찐 시엔 성 너
　　是的, 去年结的, 金先生呢?
　　Shìde, qùnián jié de, Jīn xiānshēng ne?

A : 워 하이 메이 요우
　　我还没有。
　　Wǒ hái méi yǒu.

 알아두기 / '没有'

➡ '没有' 는 '有(있다)' 에 반해서 '없다' 는 뜻이지만 '~않다' 라는
의미로도 자주 씁니다. 여기에 '还' 가 결합하여 '아직 안 했습니
다.' 라는 의미가 됩니다.
　　'有' 는 수업시간에 출석을 부를 때의 대답으로도 씁니다. 이 때
는 '있습니다.' 라는 의미입니다.

4
맞벌이하세요?

基本表现

파오 시엔셩 쟈 스 슈앙즈꽁 마
A : 朴先生家是双职工吗?
Piáo xiānsheng jiā shì shuāngzhǐgōng ma?

스
B : 是。
Shì.

A : 박 선생님 댁은 맞벌이하십니까?
B : 네.

관련표현

닌 푸런 샹빤 마
❶ 您夫人上班吗?
Nín fūren shàng bān ma?
당신 부인께서는 일을 하십니까?

한 궈 슈앙즈꽁 뚜오 마
❷ 韩国双职工多吗?
Hánguó shuāngzhǐgōng duō ma?
한국에는 맞벌이하는 분이 많습니까?

따 뿌펀 스 슈앙즈꽁
❸ 大部分是双职工。
Dàbùfēn shì shuāngzhǐgōng.
대부분 맞벌이하고 있습니다.

우 완 판 요우 워 라이쭈오
❹ 午[晚]饭由我来做。
Wǔ[wǎn]fàn yóu wǒ lái zuò.
점심[저녁]은 제가 합니다.

회화

A : 朴正进先生家是__________?
Piáo Zhèngjìn xiānsheng jiā shì shuāngzhǐgōng ma?

B : 是。
Shì.

A : 下班后,谁做晚饭呢?
Xià bān hòu, shéi zuò wǎnfàn ne?

B : 谁先回家, 谁做。
Shéi xiān huí jiā, shéi zuò.

해석

A : 박정진 씨는 <u>맞벌이 하십니까?</u>

B : 네.

A : 퇴근 후에 저녁은 누가 하나요?

B : 먼저 돌아온 쪽이 합니다.

알아두기 – 맞벌이

'双职工' 은 '맞벌이' 를 지칭하는 말입니다. 중국은 1960년대 '대약진운동' 을 시작으로 여성의 사회참여를 적극 권장하고 이를 사회발전의 원동력으로 삼았습니다. 그래서 아직까지도 동아시아 국가들 중에 여성의 사회참여가 가장 높은 나라로 자리매김하고 있습니다. 중국 대도시의 가정은 대부분 맞벌이라고 봐도 좋을 것입니다.

5

당신 옆에 있는 사람은 누구입니까?

基本表现

A : 你旁边那位是谁?
Nǐ pángbiān nà wèi shì shéi?

B : 是我妹妹。
Shì wǒ mèimei.

A : 당신 옆에 있는 그 사람은 누구입니까?
B : 저의 여동생입니다.

관련표현

❶ 这是我家的全家福。
Zhè shì wǒ jiā de quánjiāfú.
이것은 우리집 가족 사진입니다.

❷ 后边是我弟弟。
Hòubian shì wǒ dìdi.
뒤쪽은 제 남동생입니다.

❸ 左边是我哥哥。
Zuǒbian shì wǒ gēge.
왼쪽은 형입니다.

❹ 中间是我父亲。
Zhōngjiān shì wǒ fùqin.
한가운데는 아버지입니다.

5
가
족

연습

게이 워 칸 칸 니 쟈 더 취엔쟈푸 바
A : 给我看看你家的全家福吧。
Gěi wǒ kànkan nǐ jiā de quánjiāfú ba.

취엔 쟈 푸 즈 요우 쩌 거
B : 全家福只有这个。
Quánjiāfú zhǐyǒu zhège.

A : ________________________?
Nǐ pángbiān nà wèi shì shéi?

스 워 메이 메이
B : 是我妹妹。
Shì wǒ mèimei.

해석

A : 당신의 가족 사진을 보여 주십시오.

B : 가족 사진은 이것밖에 없습니다.

A : <u>당신 옆의 그 사람은 누구입니까?</u>

B : 내 여동생입니다.

알아두기 – 합성 방위사

上(边) shàngbian 위(쪽) 　　下(边) xiàbian 아래(쪽)
前(边) qiánbian 앞(쪽) 　　后(边) hòubian 뒤(쪽)
里(边) lǐbian 안(쪽) 　　外(边) wàibiān 바깥(쪽)
左(边) zuǒbian 왼(쪽) 　　右(边) yòubian 오른(쪽)
旁(边) pángbiān 곁

중국의 수도 북경(北京)

중국의 수도 북경은 중국의 정치·문화의 중심지이자 국제 교류의 중심지이다. 화북평원 북부에 자리잡고 있으며 그 북쪽으로는 장성(长城)이 있다.

북경이 처음 수도가 된 것은 금나라 때인데 이 때부터 원(元), 명(明), 청(清)나라 때까지 각 왕조의 수도가 되어 정치·문화의 중심지로 자리잡게 되었다. 명대(明代)에는 1420년에 영락제(永乐帝)가 이곳을 국도로 정하고 북경(北京)이라 하였는데, 베이징이라는 명칭은 이 때에 비롯되었다.

북경은 역사가 깊은 도시로 세계적으로 유명한 문화유산들이 많아서 해마다 많은 관광객들이 몰려든다. 우리 나라 사람들에게 잘 알려진 고궁(故宫)과 천안문(天安门), 이화원(颐和园), 천단공원(天坛公园)도 모두 북경에 있다. 천안문은 도시의 중심에 위치해 있는데 그 남쪽으로는 천안문광장(天安门广场)을 비롯해서 인민영웅기념비(人民英雄纪念碑), 인민대회당(人民大会堂), 역사박물관(历史博物馆)과 혁명박물관(革命博物馆), 모택동기념당(毛泽东纪念堂)이 있다.

시내교통은 주로 버스와 지하철, 자전거에 의존하고 있는데 도로가 잘 정비되어 있다. 북경은 주요 간선철도의 기점으로 티베트를 제외한 모든 성(省)·자치구의 중심지와 연결되어 있으며 모스크바·울란바토르·평양·하노이 등지에 이르는 국제열차가 있다. 공항은 도시 북동쪽 50 km 거리에 국제 공항인 북경수도공항(北京首都机场)이 있다.

북경은 교육의 중심지이기도 하다. 중국과학원의 각 연구소를 비롯하여, 북경대학교(北京大学)·청화대학교(清华大学)·중국인민대학(中国人民大学) 등 20여 개의 대학이 있다.

제 **6** 장

일상생활

1

매일 몇 시 정도에 집을 나오세요?

基本表现

A : 每天什么时候从家出来？
Měitiān shénme shíhou cóng jiā chū lái?

B : 一般8点左右从家出来。
Yìbān bā diǎn zuǒyòu cóng jiā chū lái.

A : 매일 몇 시 정도에 집을 나오세요?
B : 보통 8시 정도에 집을 나옵니다.

관련표현

❶ 交通堵塞现象很严重。
Jiāotōng dǔsè xiànxiàng hěn yánzhòng.
교통 체증이 매우 심합니다.

❷ 交通堵塞时需要一个半小时。
Jiāotōng dúsè shí xūyào yí ge bàn xiǎoshí .
막힐 때는 1시간 반도 걸립니다.

❸ 光上下班就够累了。
Guāng shàng xià bān jiù gòu lèi le.
통근만으로도 지칩니다.

❹ 换几次车？
Huàn jǐ cì chē.
몇 번 갈아타십니까?

연습

A : 朴先生________________________?
파오 시엔 성
Piáo xiānshīng měitiān shénme shíhou cóng jiā chū lái?

B : 一般8点左右从家出来。
이 빤 빠 디엔 주오 요우 총 쟈 추 라이
Yìbān bā diǎn zuǒyòu cóng jiā chū lái.

A : 学校离家远吗?
쉐에 샤오 리 쟈 위엔 마
Xuéxiào lí jiā yuǎn ma?

B : 大概需要一个半小时。
따 까이 쉬 야오 이 거 빤 샤오 스
Dàgài xūyào yí ge bàn xiǎoshí.

알아두기 / '先生'과 '老师'

➜ '先生' 은 학생들을 가르치는 교사를 지칭하는 것이 아니고 성인 남자에게 붙이는 일종의 경칭입니다. 우리 나라에서도 직업이 선생님이 아닌 사람에게 '~선생님' 이라고 부르는 경우가 많은데 같은 경우라고 보면 됩니다. 학생들을 가르치는 교사는 '老师 (lǎoshī)' 라고 합니다.

2
늦어도 5시에는 끝나요.

니 요우 커 바
A : 你有课吧?
Nǐ yǒu kè ba?

메이 요우　　장 커 쭈에이 완　예 야오 우 디엔 지에 슈
B : 没有,讲课最晚也要五点结束。
Méiyǒu, jiǎng kè zuì wǎn yě yào wǔ diǎn jiéshù.

A : 수업 있지요?

B : 아니오, 수업은 늦어도 5시에는 끝나요.

관 련 표 현

장 커　메이 티엔 지우디엔 쭝 카이 스
❶ 讲课 每天 九点钟开始。
Jiǎng kè měitiān jiǔ diǎn zhōng kāishǐ.
수업은 매일 9시에 시작됩니다.

지 디엔 넝 따오 꽁쓰 너
❷ 几点能到公司呢?
Jǐ diǎn néng dào gōngsī ne?
몇 시에 회사에 도착할 수 있습니까?

꽁 쭈오 스 지엔 스 총　지 디엔따오 지 디엔
❸ 工作时间是从几点到几点?
Gōngzuò shíjiān shì cóng jǐ diǎn dào jǐ diǎn?
몇 시부터 몇 시까지 근무하십니까?

꽁 쭈오 총 지우디엔 카이 스 따오 리우 디엔 빤 지에 슈
❹ 工作从九点开始到六点半结束。
Gōngzuò cóng jiǔ diǎn kāishǐ dào liù diǎn bàn jiéshù.
근무는 9시에 시작되어 6시 30분에 끝납니다.

연습

A : _______________?
　　Nǐ yǒu kè ba?

메이 요우　　쟝 커 쭈에이완　예 야오 우 디엔　지에 슈
B : 没有，讲课最晚也要五点结束。
　　Méiyǒu, jiǎng kè zuì wǎn yě yào wǔ diǎn
　　jiéshù.

시엔 짜이　부 스　리우 디엔　마
A : 现在不是六点吗？
　　Xiànzài bú shì liù diǎn ma?

니　웨이 션 머　하이 짜이 쉐에 샤오 리　너
　　你为什么还在学校里呢？
　　Nǐ wèi shénme háizài xuéxiào lǐ ne?

워 야오 취　투 슈 관　쉬에 시
B : 我要去图书馆学习。
　　Wǒ yào qù túshūguǎn xuéxí.

해석

A : <u>수업 있지요?</u>

B : 없습니다, 수업은 늦
　　어도 5시에는 끝나요.

A : 지금은 6시 아닙니
　　까? 왜 아직까지 학
　　교 안에 있지요?

B : 도서관에서 공부를 좀
　　하려고요.

알아두기 / 의문의 어기를 나타내는 '吧'

➤ '吧'는 문장의 끝에 쓰여 상의(相議)·제의(提議)·청구(請求)·
명령(命令)·의문의 어기를 나타냅니다. 이 경우 외에도 '吧'는
다양한 의미를 갖는데 보통 불확실한 느낌이나 추측을 표현할 때
씁니다.

3

학교까지 어떻게 오십니까?

基本表現

니 쩐머 라이 쉬에 샤오
A : 你怎么来学校?
Nǐ zěnme lái xuéxiào?

쭈오 꽁꽁 치 처 후오 쭈오 띠 티에
B : 坐公共汽车, 或坐地铁。
Zuò gōnggòng qìchē, huò zuò dìtiě.

A : 당신은 학교까지 어떻게 오십니까?
B : 버스를 타거나 지하철을 탑니다.

관 련 표 현

쭈오 빠바 더 처 취
❶ 坐爸爸的车去。
Zuò bàba de chē qù.
아버지의 차를 타고 갑니다.

워 쭈오띠 티에 취 쉬에 샤오
❷ 我坐地铁去学校。
Wǒ zuò dìtiě qù xuéxiào.
학교까지 전철로 갑니다.

워 카이쟈오 처 샹 샤 빤
❸ 我开轿车上下班。
Wǒ kāi jiàochē shàng xià bān.
저는 자가용으로 통근합니다.

워 쭈오띠 티에 샹 샤 빤
❹ 我坐地铁上下班。
Wǒ zuò dìtiě shàng xià bān.
저는 지하철로 통근합니다.

연습

A : 学校离家远吗?
Xuéxiào lí jiā yuǎn ma?

B : 是的, 很远。
Shìde, hěn yuǎn.

A : ＿＿＿＿＿＿＿＿?
Nǐ zěnme lái xuéxiào?

B : 坐公共汽车, 或坐地铁。
Zuò gōnggòng qìchē, huò zuò dìtiě.

해석

A : 학교가 집에서 멀어요?

B : 네, 매우 멉니다.

A : 학교까지 어떻게 오십니까?

B : 버스를 타거나 지하철을 탑니다.

알아두기 / 탈것을 타다 '坐', '骑'

➤ '坐'는 교통 수단을 이용할 때 가장 많이 쓰는 동사입니다. 비행기, 자동차, 지하철, 배 등 좌석이 달려 있는 거의 모든 교통 수단을 이용할 때 이 동사를 이용합니다. 단, 말이나 자전거 오토바이 등 다리를 벌리고 타야 하는, 안장이 있는 교통 수단을 이용하는 경우에는 '坐'를 쓰지 않고 '骑'를 씁니다.

4
언제까지 계약해야 하나요?

基本表现

쭈에이 완　선 머 스 호우　치엔 딩　허 통
A : 最晚什么时候签订合同?
Zuì wǎn shénme shíhou qiāndìng hétong?

찐 콰이 바
B : 尽快吧。
Jìn kuài ba.

A : 언제까지 계약해야 하나요?
B : 가능한 한 빨리 부탁드립니다.

관련표현

야오 치엔 딩 허 통
❶ 要签订合同。
Yào qiāndìng hétong.
계약하겠습니다.

찐 티엔 쯔 네이 취 더 롄 씨
❷ 今天之内取得联系。
Jīntiān zhī nèi qǔdé liánxì.
오늘중으로 연락드리겠습니다.

루 궈 피엔 이 더 화　야오 지에 주
❸ 如果便宜的话, 要 借住。
Rúguǒ piányi de huà, yào jiè zhù.
만일 가격이 싸다면 빌리겠습니다.

6
일
상
생
활

연습

A : 房租太贵了。
(팡 주 타이 꿰이 러)
Fángzū tài guì le.

B : 贵是贵点儿，但是家具齐全。
(꿰이 스 꿰이 디얼 딴 스 쟈 쮜 치 취엔)
Guì shì guì diǎnr, dànshì jiājù qíquán.

A : ＿＿＿＿＿＿＿＿＿＿＿＿＿＿＿?
Zuì wǎn shénme shíhou qiāndìng hétong.

B : 尽快吧。
(찐 콰이 바)
Jìn kuài ba.

해석

A : 집세가 꽤 비싸네요.

B : 비싸기는 하지만 가구가 전부 갖춰져 있습니다.

A : <u>언제까지 결정해야 하지요?</u>

B : 가능한 한 빨리 부탁드립니다.

▶ 소주(苏州 Sūzhōu)

소주는 운하의 도시라고 할 수 있다. 소주의 특징은 곳곳으로 연결된 운하, 아름답게 가꾼 정원들이라고 할 수 있다. '동양의 베니스'라고 불리는 이곳에서 독특한 정취를 느낄 수 있다.

5

집세는 얼마인가요?

基本表现

A : 房租是多少钱?
Fángzū shì duōshao qián?

B : 每月三百元。
Měi yuè sānbǎi yuán.

A : 집세는 얼마입니까?
B : 매월 3백 원입니다.

관련표현

❶ 我住私人住宅。
Wǒ zhù sīrén zhùzhái.
저는 사택에 살고 있습니다.

❷ 我住的是出租公寓。
Wǒ zhù de shì chūzū gōngyù.
제가 살고 있는 곳은 임대 아파트입니다.

❸ 我住别墅。
Wǒ zhù biéshù.
저는 별장에 살고 있습니다.

❹ 别墅是你个人的吗? Biéshù shì nǐ gèrén de ma?
별장은 당신의 집입니까?

❺ 是出租来的。
Shì chūzū lái de.
빌린 것입니다.

연습

A : ___________________ ?
Fángzū shì duōshao qián?

메이 웨 싼 바이 콰이
B : 每月三百块。
Měi yuè sānbǎi kuài.

쩐 꿰이 야
A : 真贵呀!
Zhēn guì ya.

닌 슈오 뚜오 샤오 치엔
B : 您说多少钱?
Nín shuō duōshao qián?

A : <u>집세는 얼마입니까?</u>

B : 매월 3백 원입니다.

A : 정말 비싸네요!

B : 얼마면 좋을지 말씀
해 보세요.

알아두기 / 얼마입니까?

➡ ‘多少钱?’은 ‘얼마입니까?’라는 의미입니다. 본문에서 나온 것처럼 ‘多少钱?’ 앞에 사려고 하는 물건을 붙여 말하면 됩니다. 물건을 살 때 구체적인 수량을 나타내야 하면 물건을 세는 단위를 이 어구의 뒤에 붙여 말합니다. 가령 사과 1근을 산다고 하면 ‘苹果多少钱一斤?’처럼 말하면 됩니다.

6
집이 몇 평이지요?

基本表现

A : 房子多大?
Fángzi duōdà?

B : 80平米左右。
Bāshí píngmǐ zuǒyòu.

A : 집은 어느 정도 넓어요?
B : 80평방 미터 정도 됩니다.

관련표현

❶ 房子不算大。
Fángzi bú suàn dà.
집은 그다지 크지 않습니다.

❷ 您的房子是公寓楼吗?
Nín de fángzi shì gōngyù lóu ma?
당신의 집은 아파트입니까?

❸ 是几楼?
shì jǐ lóu.
몇 층입니까?

❹ 是五楼。 Shì wǔ lóu.
5층입니다.

❺ 房子里有几间屋子?
Fángzi lǐ yǒu jǐ jiān wūzi?
집에는 방이 몇 개 있습니까?

A : 王先生的________________?
Wáng xiānshēng de fángzi duōdà?

B : 80平米左右, 有两个卧室,
Bāshí píngmǐ zuǒyòu, yǒu liǎng ge wòshì,

一个厨房, 一个浴室,
yí ge chúfáng, yí ge yùshì,

还有一个客厅。
háiyǒu yí ge kètīng.

A : 房子是你个人的吗?
Fángzi shì nǐ gèrén de ma?

B : 是我个人的。
Shì wǒ gèrén de.

A : 왕 선생님 댁은 집이 몇 평이에요?

B : 80평방 미터 정도인데, 방 두 개에 부엌과 욕실, 그리고 거실이 있습니다.

A : 집은 선생님 소유인가요?

B : 네, 그렇습니다.

6
일상생활

7
오늘은 날씨가 무척 좋습니다.

基本表现

찐 티엔 티엔 치 쩐 머 양
A : 今天天气怎么样?
Jīntiān tiānqì zěnmeyàng?

찐 티엔 티엔 치 헌 하오
B : 今天天气很好。
Jīntiān tiānqì hěn hǎo.

A : 오늘 날씨가 어때요?
B : 오늘은 날씨가 무척 좋습니다.

°관련표현

찐 티엔 뿌 렁 마
❶ 今天不冷吗?
Jīntiān bù lěng ma?
오늘 춥지 않습니까?

뿌 렁 판 얼 요우 디엔 먼 러
❷ 不冷, 反而有点闷热。
Bù lěng, fǎn'ér yǒu diǎn mēnrè.
춥지 않습니다. 오히려 조금 덥습니다.

찐 티엔 자오 천 뚜오 윈
❸ 今天早晨多云。
Jīntiān zǎochén duō yún.
오늘 아침은 흐렸습니다.

펑 과 더 헌 따
❹ 风刮得很大。
Fēng guā de hěn dà.
바람이 무척 세게 붑니다.

연습

A : ＿＿＿＿＿＿＿＿＿＿＿＿＿＿?
　　Jīntiān tiānqì zěnmeyàng?

　　찐 티엔 티엔 치 헌 하오
B : 今天天气很好。
　　Jīntiān tiānqì hěn hǎo.

　　주오 티엔 티엔 치 예 하오
A : 昨天天气也好。
　　Zuótiān tiānqì yě hǎo.

　　스　하이 스 찐 티엔 비 주오 티엔 누안 훠 셰
B : 是，还是今天比昨天暖和些。
　　Shì, háishì Jīntiān bǐ zuótiān nuǎnhuo xiē.

해석

A : <u>오늘 날씨가 어때요?</u>

B : 오늘은 날씨가 무척 좋습니다.

A : 어제도 날씨가 좋았지요.

B : 네, 그래도 오늘이 어제보다 따뜻해요.

알아두기 / 날씨 관련 표현 (1)

热 rè 덥다	闷热 mēnrè 무덥다	冷 lěng 춥다
太阳 tàiyáng 태양	月 yuè 달	云 yún 구름
风 fēng 바람	雨 yǔ 구름	雪 xuě 눈
彩虹 cǎihóng 무지개		

8

일기예보에 의하면 내일도 비가 온다고 합니다.

基本表现

쮜 티엔치 위빠오 슈오　밍 티엔 하이 야오　샤 위
A : 据天气预报说, 明天还要下雨。
Jù tiānqì yùbào shuō, míngtiān hái yào xià yǔ.

스 마
B : 是吗?
Shì ma?

A : 일기예보에 의하면 내일도 비가 온다고 합니다.
B : 그래요?

관 련 표 현

티엔 치 위 빠오슈오　찐 티엔 칭 티엔
❶ 天气预报说，今天晴天。
Tiānqì yùbào shuō, jīntiān qíngtiān.
일기예보에 의하면 오늘은 맑다고 합니다.

찐 티엔 뚜오 윈
❷ 今天多云。
Jīntiān duō yún.
오늘은 흐립니다.

찐 티엔 칭 주안 뚜오 윈
❸ 今天晴转多云。
Jīntiān qíng zhuǎn duō yún.
맑은 뒤 흐립니다.

팅 슈오 밍 티엔 샤 쉬에
❹ 听说明天下雪。
Tīngshuō míngtiān xià xuě.
내일은 눈이 온다고 들었습니다.

연습

A : 雨还在下吗?
위 하이 짜이 샤 마
Yǔ hái zài xià ma?

B : 是,雨还在下呢。
스 위 하이 짜이 샤 너
Shì, yǔ hái zài xià ne.

A : 今天听天气预报了没有?
찐 티엔 팅 티엔 치 위 빠오 러 메이 요우
Jīntiān tīng tiānqì yùbào le méiyou?

B : 听了,据天气预报说,
팅 러 쮜 티엔 치 위 빠오 슈오
Tīng le, jù tiānqì yùbào shuō,

_______________________。
míngtiān hái yào xià yǔ.

A : 是吗?
스 마
Shì ma?

해석

A : 비가 아직도 내리고
있습니까?

B : 네, 아직도 내리고 있
습니다.

A : 오늘 일기예보를 들
었습니까?

B : 들었습니다. 일기예보
에서 <u>내일도 비가 온
다고 하더군요.</u>

A : 그래요?

알아두기 / 날씨 관련 표현 (2)

下雨　xià yǔ　비가 내리다　　下雪　xià xuě　눈이 내리다
刮风　guā fēng　바람이 불다　　天晴　tiān qíng　날이 개다
多云　duō yún　구름이 많이 끼다
晴转多云　qíng zhuǎn duō yún　맑은 뒤 흐리다

중국 최대의 상공업 도시 상해

장강(长江) 하구에 위치한 중국 최대의 도시이며 행정적으로는 성(省)과 동격인 중앙정부 직할시이다. 시가지는 장강 어귀의 남안, 황포강(黄浦江)이 장강에 합류하는 지점에 위치하고 있다.

상해(上海 Shànghǎi)는 송말(宋末)에 이미 무역항으로 널리 알려졌다. 1842년 아편전쟁(阿片战争)의 결과로 맺어진 남경조약(南京条约)에 의해 구미 제국과의 무역을 위한 개항장이 되자, 상공업도시로서 급속히 발전하여 중국 제1의 도시로 성장하였다. 그러나 치외법권이 인정되는 외국인 조계(租界)가 설치되는 등 제국 열강의 중국 침략의 근거지가 되었으며, 동시에 민족해방운동과 노동운동의 중심지가 되어 1949년까지 혁명과 반혁명 세력의 대결이 되풀이되기도 하였다.

상해는 방직·기계·조선·전기기기·화학·인쇄 등의 공업이 다양하게 발달하였다. 본래 방직공업의 비중이 높았으나, 근래에는 중화학공업과 IT산업이 크게 신장하고 있다. 상해 국제공항은 국내선과 국제항로가 열려 있고, 황포강의 상해항은 중국 최대의 무역항이자 세계적인 무역항이다.

상해는 중국의 주요 학술·문화의 중심지이기도 하여 복단대학(复旦大学)·화동사범대학(华东师范大学) 등 여러 대학과 상하이도서관, 상하이박물관 등이 있다. 인민공원(人民公园)·중산공원(中山公园) 등이 있고, 명소·고적으로는 정안사(静安寺)·용화사(龙华寺) 및 노신(鲁迅)의 묘 등이 있다.

한편 상하이는 대한민국임시정부가 있던 곳으로, 윤봉길 의사 의거 유적지와 임시정부 청사가 보존되어 있다.

여가 · 취미

1

시간이 있으면 주로 뭘 하세요?

基本表现

A : 有空时一般干什么?
Yǒu kòng shí yìbān gàn shénme?

B : 一般看录象。
Yìbān kàn lùxiàng.

A : 시간이 있으면 주로 뭘 하세요?
B : 보통 비디오를 봅니다.

관련표현

❶ 周末怎么过?
Zhōumò zěnme guò?
주말은 어떻게 보내세요?

❷ 散散步。
Sàn sàn bù.
산책을 합니다.

❸ 每星期天去一趟。
Měi xīngqītiān qù yí tàng.
일요일마다 한 번씩 갑니다.

❹ 睡午觉。
Shuì wǔ jiào.
낮잠을 잡니다.

연습

A : _________________________________?
Yǒu kòng shí yìbān gàn shénme?

B : 有时候看书, 有时候听音乐,
Yǒu shíhou kàn shū, yǒu shíhou tīng yīnyuè,

王先生呢?
Wáng xiānshēng ne?

A : 我一般看录象。
Wǒ yìbān kàn lùxiàng.

알아두기 / 파음자(破音字 pòyīnzì)

➡ 중국어 단어 가운데 한 가지 이상으로 발음되며 발음마다 나름대로의 뜻을 가지는 것이 있는데 이런 한자를 파음자라고 합니다. 중국어는 뜻 글자여서 원칙적으로 하나의 단어가 하나의 의미를 표현해야 합니다. 이 원칙에 따르자니 일상 회화를 하는 데에도 아주 많은 단어가 필요하게 되었습니다. 파음자는 한자의 수를 줄여 좀 더 쉽게 언어생활을 하려는 노력으로 생긴 것입니다. '空'도 파음자 가운데 하나인데 'kōng'으로 발음할 때는 '공기, 하늘'의 의미이고, 'kòng'으로 발음할 때는 '시간, 여가'의 의미를 나타냅니다.

2
취미가 뭐에요?

基本表現

A : 张先生的爱好是什么?
Zhāng xiānshēng de àihào shì shénme?

B : 爬山。
Pá shān.

A : 장 선생의 취미는 뭡니까?
B : 등산입니다.

관련표현

❶ 喜欢运动吗?
Xǐhuan yùndòng ma?
스포츠는 좋아하세요?

❷ 我是棒球迷。
Wǒ shì bàngqiúmí.
저는 야구광입니다.

❸ 对书法有兴趣。
Duì shūfǎ yǒu xìngqù.
서예에 흥미가 있습니다.

❹ 我对中国武术有兴趣。
Wǒ duì Zhōngguó wǔshù yǒu xìngqù.
저는 중국 무술에 흥미가 있습니다.

연습

A : 张先生的________________?
　　Zhāng xiānsheng de àihào shì shénme?

B : 爬山。
　　Pá shān.

A : 和谁一起去呢?
　　Hé shéi yìqǐ qù ne?

B : 带家属去。
　　Dài jiāshǔ qù.

해석

A : 장 선생의 <u>취미는 뭡니까?</u>

B : 등산입니다.

A : 누구와 갑니까?

B : 가족들을 데리고 갑니다.

알아두기 / 좋아하다 ‘喜欢’

‘喜欢’은 ‘좋아하다’의 의미로 무엇을 좋아하는지를 묻거나, 혹은 좋아하는 것을 밝힐 때 씁니다. ‘你喜欢什么? ’라고 물으면 무엇을 좋아하는지를 묻는 질문입니다. 이 경우 좋아하는 것이 취미일 수도 있고 운동일 수도 있습니다. 좋아하는 것이 무엇인지는 분명하지 않습니다. 이 문장의 뒤에 특정 동사와 명사를 붙이면 특정 분야의 어떤 것을 좋아하는지 묻는 질문이 됩니다. ‘你喜欢看什么电影? (당신은 어떤 영화를 즐겨 봅니까?)’, ‘你喜欢吃什么菜? (당신은 어떤 음식을 즐겨 먹습니까?)’처럼 표현합니다.

3

오늘밤 시간 있어요?

基本表现

리 샤오제　　찐완 요우 스지엔 마
A : 李小姐，今晚有时间吗？
Lǐ xiǎojiě, jīn wǎn yǒu shíjiān ma?

요우
B : 有。
Yǒu.

A : 이 양, 오늘밤 시간 있어요?

B : 있어요.

관련표현

찐 티엔요우 콩 마
❶ 今天有空吗？
Jīntiān yǒu kòng ma?
오늘 시간 있습니까?

니 넝 쭈오워 더 펑요우 마
❷ 你能做我的朋友吗？
Nǐ néng zuò wǒ de péngyou ma?
당신 저의 친구가 되어 주시겠어요?

워 이징 띵훈 러
❸ 我已经订婚了。
Wǒ yǐjing dìng hūn le.
저는 이미 약혼했습니다.

이 지엔 쭝 칭
❹ 一见钟情。
Yí jiàn zhōng qíng.
한눈에 반했어요.

연습

A : 李小姐, ______________?
리 샤오 제
Lǐ xiǎojiě, jīn wǎn yǒu shíjiān ma?

B : 有。
요우
Yǒu.

A : 那么, 一起去看电影好不好?
나 머   이 치 취 칸 띠엔잉 하오 부 하오
Nàme, yìqǐ qù kàn diànyǐng hǎo bu hǎo?

B : 好。
하오
Hǎo.

해석

A : 이 양, <u>오늘밤 시간 있어요?</u>

B : 저는 시간 있어요.

A : 그러면 함께 영화 보러 가지 않을래요?

B : 좋아요.

7
여가 · 취미

▶ **북경 이화원(**颐和园 **Yíhéyuán)**

청나라 때에는 황제의 여름 별궁으로 사용되었던 이화원은 북경의 대표적인 명승지 가운데 하나이다. 총면적 267ha 가운데 곤명호(昆明湖)라는 인공호수가 75%를 차지한다.

4

약속이 없으면 같이 가시겠어요?

基本表现

루궈 메이 요우 웨 훼이　껀 워 이치 취 커이 마

A : 如果没有约会, 跟我一起去可以吗?

Rúguǒ méi yǒu yuēhuì, gēn wǒ yìqǐ qù kěyǐ ma?

커 이

B : 可以。

Kěyǐ.

A : 만약에 약속이 없다면 저와 함께 가시겠습니까?

B : 그러지요.

관련표현

껀 워 이치 취 카 페이 팅 바

❶ 跟我一起去咖啡厅吧。

Gēn wǒ yìqǐ qù kāfēitīng ba.

나와 함께 커피숍에 갑시다.

루궈 샤위 더 화　지우취 샤오 웨 훼이

❷ 如果下雨的话, 就取消约会。

Rúguǒ xià yǔ de huà, jiù qǔxiāo yuēhuì.

만약에 비가 오면, 약속을 취소합니다.

취 다 핑팡 치우 바

❸ 去打乒乓球吧。

Qù dǎ pīngpāngqiú ba.

탁구 치러 갑시다.

칸 띠엔 잉 취 바

❹ 看电影去吧。

Kàn diànyǐng qù ba.

영화 보러 갑시다.

연습

A : 这个周末你想怎么过?
Zhè ge zhōumò nǐ xiǎng zěnme guò?

B : 睡懒觉, 吃完早饭还要睡觉呢。
Shuì lǎn jiào, chī wán zǎofàn hái yào shuìjiào ne.

A : 刘小姐, ________________,
Liú xiǎojiě, rúguǒ méi yǒu yuēhuì,

________________?
gēn wǒ yìqǐ qù kāfēitīng kěyǐ ma?

B : 可以。
Kěyǐ.

해석

A : 이번 주말은 어떻게 보낼 겁니까?

B : 늦잠을 자고, 아침밥을 먹은 다음에, 또 낮잠을 잘 겁니다.

A : 유 양, 만일 약속이 없으면 같이 커피숍에 갈래요?

B : 그래요.

알아두기 / 호칭 '아가씨'

결혼하지 않은 처녀를 이르는 말에는 '小姐 xiǎojiě'와 '姑娘 gūniang'이 있습니다. 현재는 '小姐'가 광범위하게 쓰이고 있으며 '姑娘'은 점차 사용 빈도가 줄어들고 있습니다. '小姐'는 우리말로 '아가씨', '~양' 정도로 해석되는데, 우리말과 마찬가지로 호칭 앞에 주로 성을 붙여 사용합니다.

5

천단공원에 가는 게 어때요?

基本表现

취 티엔 탄 꽁 웬　쩐 머 양
A : 去天坛公园怎么样?
Qù Tiāntán Gōngyuán zěnmeyàng?

하오　취　날　바
B : 好, 去那儿吧。
Hǎo, qù nàr ba.

A : 천단공원에 가는 게 어때요?
B : 좋아요, 거기에 갑시다.

관련표현

상 지엔 이 츠 미엔
❶ 想见一次面。
Xiǎng jiàn yí cì miàn.
한번 만나고 싶습니다.

요우 선 머 스
❷ 有什么事?
Yǒu shénme shì?
무슨 일이십니까?

요우지엔 스 야오 껀 닌 샹 량
❸ 有件事要跟您商量。
Yǒu jiàn shì yào gēn nín shāngliang.
당신께 의논드리고 싶은 일이 있습니다.

띵 지 디엔하오 너
❹ 定几点好呢?
Dìng jǐ diǎn hǎo ne?
몇 시로 정하면 좋을까요?

연습

량 디엔 주오 요우지엔 미엔 쩐 머 양
A : 两点左右见面怎么样?
Liǎng diǎn zuǒyòu jiàn miàn zěnmeyàng?

하오
B : 好。
Hǎo.

나머   워먼 취 선머 띠팡
A : 那么,我们去什么地方?
Nàme, wǒmen qù shénme dìfang?

B : ＿＿＿＿＿＿＿＿＿＿＿＿＿＿?
Qù Tiāntán Gōngyuán zěnmeyàng?

하오 취 날 바
A : 好,去那儿吧。
Hǎo, qù nàr ba.

알아두기 / 천단공원(天坛公园)

➜ 천단은 북경시의 남동쪽에 위치한, 황제가 제천 의식을 행하기 위
하여 설치한 제단입니다. 천단의 주요 건축으로는 원구(圜丘)·회
음벽(回音壁)·기년전(祈年殿) 등이 있습니다. 원구는 흰 대리석
으로 만든 3층 제단인데 하늘을 본떠서 만들었다고 합니다. 천단
공원은 고궁, 천안문, 이화원 등과 더불어 북경의 주요한 문화재로
중국인들과 관광객들에게 사랑받는 관광지입니다.

6
아직 잘 하지는 못합니다.

基本表现

A : 朴先生会游泳吗?
Piáo xiānsheng huì yóuyǒng ma?

B : 会是会,但还不熟练。
Huì shì huì, dàn hái bù shúliàn.

A : 박 선생은 수영을 할 수 있습니까?
B : 하기는 합니다만 아직 잘 하지는 못합니다.

관련표현

❶ 干得不错嘛。
Gàn de búcuò ma.
매우 잘 하시는군요.

❷ 不,还差得远呢。
Bù, hái chà de yuǎn ne.
아닙니다, 아직 멀었습니다.

❸ 想快点熟练。
Xiǎng kuài diǎn shúliàn.
빨리 잘 하고 싶습니다.

❹ 会是会一点…
Huì shì huì yì diǎn……
하기는 조금 하지만……

연습

A : ______________________?
Piáo xiānsheng huì yóuyǒng ma?

B : 会是会一点, 但还不熟练。
Huì shì huì yì diǎn, dàn hái bù shúliàn.

A : 从什么时候开始学的?
Cóng shénme shíhou kāishǐ xué de?

B : 从小开始学的。
Cóng xiǎo kāishǐ xué de.

해석

A : 박 선생은 수영을 할 수 있습니까?

B : 네, 할 수는 있지만 아직 잘 하지는 못합니다.

A : 언제부터 배우기 시작하셨어요?

B : 어릴 때부터 시작했습니다.

알아두기 / '~하기는 하지만'

➡ 'A是A' 형식의 문장은 'A이기는 A하다'의 의미입니다. '是'가 '~이다'의 의미를 가지고 있으므로 '是'의 앞과 뒤에 같은 동사나 형용사를 붙이면 '~하기는 ~하다'의 의미가 됩니다.

好是好 hǎo shì hǎo 좋기는 좋다.
会是会 huì shì huì 하기는 하다.

7

몇 시에 시작합니까?

基本表現

지 디엔 카이스 너
A : 几点开始呢?
Jǐ diǎn kāishǐ ne?

샤우 싼디엔 빤 카이스
B : 下午三点半开始。
Xiàwǔ sān diǎn bàn kāishǐ.

A : 몇 시에 시작합니까?
B : 오후 3시 반에 시작합니다.

관련표현

쇼우 퍄오 추짜이 날
❶ 售票处 在哪儿?
Shòupiàochù zài nǎr?
매표소는 어디입니까?

쭈에이피엔 이 더 쭈오 웨이뚜오 샤오치엔 이 짱
❷ 最 便宜的座位 多少钱一张?
Zuì piányi de zuòwèi duōshao qián yì zhāng?
가장 싼 자리는 얼마입니까?

쩌 양 추안 따이 커 이 마
❸ 这样穿戴可以吗?
Zhèyàng chuāndài kěyǐ ma?
이런 옷차림도 괜찮습니까?

시엔 짜이팡 선 머 띠엔 잉
❹ 现在放什么电影?
Xiànzài fàng shénme diànyǐng?
지금 어떤 영화가 상영되고 있습니까?

A : 买大人票一张，儿童票两张。
^{마이 따런 퍄오 이 짱 얼통 퍄오 량 짱}
Mǎi dàrén piào yì zhāng, értóng piào liǎng zhāng.

B : 一共三十块钱。
^{이 꿍 싼 스 콰이 치엔}
Yígòng sānshí kuài qián.

A : ______________?
Jǐ diǎn kāishǐ ne?

B : 下午三点半开始。
^{샤 우 싼 디엔 빤 카이 스}
Xiàwǔ sān diǎn bàn kāishǐ.

A : 어른 표 한 장과 아이 표 두 장 주십시오.

B : 모두 30원입니다.

A : 몇 시에 시작합니까?

B : 오후 3시 반에 시작합니다.

7

여가·취미

▶ 천단공원
(天坛公园 Tiāntán Gōngyuán)

천단공원을 위에서 본 모습. 앞에 크게 보이는 것이 하늘을 본떠 만들었다는 3층 제단인 원구(圜丘)이며, 가운데 있는 곳이 회음벽(回音壁)이 있는 곳이다. 맨 뒤에 보이는 것이 기년전(祈年殿)이다.

8

연하장을 보내야 합니다.

基本表现

A : 今年一月份有春节吧?
Jīnnián yí yuè fèn yǒu Chūn Jié ba?

B : 对了, 要寄贺年片。
Duì le, yào jì hèniánpiàn.

A : 올해 1월에는 춘절이 있지요?
B : 맞습니다, 연하장을 보내야지요.

관련표현

❶ 为了祝贺新年, 要寄贺年片。
Wèile zhùhè xīnnián, yào jì hèniánpiàn.
신년 인사로 연하장을 보냅니다.

❷ 寄贺年片是最重要的活动。
Jì hèniánpiàn shì zuì zhòngyào de huódòng.
연하장 보내는 것은 가장 중요한 행사입니다.

❸ 像圣诞卡那样的。
Xiàng Shèngdàn kǎ nàyàng de.
크리스마스 카드 같은 것입니다.

❹ 六月一日是中国儿童节。
Liù yuè yí rì shì Zhōngguó Értóng Jié.
6월 1일은 중국의 어린이날입니다.

연습

A : 一月份要在中国生活。
Yí yuè fèn yào zài Zhōngguó shēnghuó.

B : 今年一月份有春节吧?
Jīnnián yí yuè fèn yǒu Chūn Jié ba?

A : 对了, ______________。
Duì le, yào jì hèniánpiàn.

B : 这倒挺有意思。
Zhè dào tǐng yǒu yìsi ba.

해석

A : 정월은 중국에서 보내려고 합니다.

B : 올해 1월에는 춘절이 있지요?

A : 맞습니다, <u>연하장을 보내야지요</u>.

B : 그것 재미있겠군요.

알아두기 – 중국의 명절 · 기념일

- 春节 Chūn Jié 춘절(음력 1월 1일)
  清明节 Qīngmíng Jié 청명절(음력 4월 5일)
  端午节 Duānwǔ Jié 단오절(음력 5월 5일)
  中秋节 Zhōngqiū Jié 중추절(음력 8월 15일)
  劳动节 Láodòng Jié 노동절(5월 1일)
  儿童节 Értóng Jié 아동절(6월 1일)
  国庆节 Guóqìng Jié 국경일(10월 1일)
  圣诞节 Shèngdàn Jié 성탄절(12월 15일)

113

중국의 전통극 ― 경극

경극(京劇 Jīngjù)은 해외에도 '베이징 오페라(Peking Opera)'로 알려진, 그 독특한 예술성으로 높은 평가를 받고 있는 중국의 전통 연극이다. 경극은 이름에서 알 수 있듯이 북경(北京)에서 발전하였는데 노래·대사·동작·액션 등으로 구성되는 형식연극으로, 노래가 중시되고 무용에 가까운 동작은 격렬하면서도 아름답다. 호궁과 징·북을 중심으로 한 반주의 선율과 리듬이 극의 기조를 이룬다.

경극은 모두 1시간 내외의 짧은 연극으로 연출과 연기 모두 지극히 서사적인 표현 양식을 쓰고, 장치도 없이 상징적인 연기와 복장의 특징으로 상황이나 행동을 나타낸다. 의상은 명(明)나라 때의 복장을 기초로 한 전통극 고유의 것이며, 색과 무늬에 따라 인물의 신분과 직업 등을 알 수 있다. 배역은 크게 생(生:주역), 단(旦:여자역), 정(净:호걸·악한), 축(丑:어릿광대), 말(末:단역)으로 나뉘고, 각기 문무(文武)의 2계통 이외에 다시 세분화된다. 정과 축은 배우의 얼굴에 물감으로 선을 그리는데, 얼굴의 선을 그리는 형식은 정해져 있다.

현존하는 1,000여 종의 각본은 대부분이 작자미상이다. 대개는 사전(史传) 소설과 전설에서 소재를 따거나 원곡(元曲)과 전기(传奇)를 개작한 것으로, 《수호전(水浒传)》, 《삼국지연의(三国志演义)》 등의 부분 각색이 적지 않다. 대표작으로 《패왕별희(霸王别姬)》, 《손오공(孙悟空)》, 《백사전(白蛇传)》, 《팔선과해(八仙过海)》, 《추강(秋江)》, 《장상화(将相和)》 등이 있다.

초대 · 방문

1

모임은 언제에요?

基本表现

선 머　스 호우　쮜 훼이
A : 什么时候聚会?
Shénme shíhou jùhuì?

상 우　치 디엔
B : 上午七点。
Shàngwǔ qī diǎn.

A : 모임은 언제에요?
B : 오전 7시입니다.

관련표현

지 디엔 지엔 미엔
❶ 几点见面?
Jǐ diǎn jiàn miàn?
몇 시에 만날까요?

쓰 디엔　쩐 머 양
❷ 四点怎么样?
Sì diǎn zěnmeyàng?
4시는 어떠세요?

쓰 디엔 콩 파　뿌 씽
❸ 四点恐怕不行。
Sì diǎn kǒngpà bù xíng.
4시는 아마도 무리일 것입니다.

쥰 스　따오 다
❹ 准时到达。
Zhǔnshí dàodá.
시간에 댈 수 있을 겁니다.

연습

A : ________________?
Shénme shíhou jùhuì?

B : 上午七点。
샹 우 치 디엔
Shàngwǔ qī diǎn.

A : 有点早啊。
요우 디엔 자오 아
Yǒu diǎn zǎo a.

B : 是啊, 千万别迟到。
스 아 치엔 완 비에 츠 따오
Shì a, qiānwàn bié chídào.

해석

A : <u>모임은 언제에요?</u>

B : 오전 7시입니다.

A : 조금 이르네요.

B : 네, 절대로 늦지 마세요.

알아두기 – 하루의 때를 나타내는 말

早晨 zǎochén 새벽   早上 zǎoshang 아침
上午 shàngwǔ 오전   中午 zhōngwǔ 정오
下午 xiàwǔ 오후   傍晚 bàngwǎn 저녁 무렵
晚上 wǎnshang 저녁   夜里 yèli 밤
深夜 shēnyè 깊은 밤

2

실례합니다.

A : 打扰您了。
Dǎrǎo nín le.

B : 噢，朴先生，请进！
Ō, Piáo xiānsheng, Qǐng jìn!

A : 실례합니다.
B : 아, 박 선생님, 어서 오세요.

❶ 这是金明德先生家吗？
Zhè shì Jīn Míngdé xiānsheng jiā ma?
여기가 김명덕 씨 댁입니까?

❷ 让你久等了。
Ràng nǐ jiǔ děng le.
오래 기다렸습니다.

❸ 来得正好。
Lái de zhèng hǎo.
때마침 잘 오셨습니다.

연습

A : ___________。
　　Dǎrǎo nín le.

니 스 셰이 야
B : 你是谁呀?
　　Nǐ shì shéi ya?

워 쟈오 퍄오 쩡 찐
A : 我叫朴正进。
　　Wǒ jiào Piáo Zhèngjìn.

오　　퍄오 쩡 찐　시엔 성　　칭 찐
B : 噢，朴正进先生，请进!
　　Ō, Piáo Zhèngjìn xiānsheng, Qǐng jìn!

8
초
대
·
방
문

▶ **북경 원명원**(圆明园 Yuánmíngyuán)

　원명원은 이화원보다 큰 정원이었으
나 1860년 제2차 아편전쟁 중에 영·불
연합군의 약탈로 파괴되어 폐허만 남아
있다. 지금은 조금씩 복구되고 있다. 과
거 유럽풍 궁전이 있었던 것으로 유명
하다.

3

어서 들어오세요.

基本表现

청 찐
A : 请进!
Qǐng jìn!

하오　　　　나머　다 라오　닌　러
B : 好!　那么打扰您了。
Hǎo! Nàme dǎrǎo nín le.

A : 어서 들어오세요.
B : 예! 그러면 실례하겠습니다.

관련표현

라이 쩔 바
❶ 来这儿吧。
Lái zhèr ba.
이리 오세요.

쭈오 쩔 바
❷ 坐这儿吧。
Zuò zhèr ba.
이리 앉으세요.

쒜이 비엔 바
❸ 随便吧。
Suíbiàn ba.
편히 계세요.

쒜이 비엔쭈오 바
❹ 随便 坐吧。
Suíbiàn zuò ba.
편히 앉으세요.

연습

A : 啊, 小金,______!
_{아 샤오 찐}
Ā, xiǎo Jīn, qǐng jìn!

B : 好! 那么打扰您了。
_{하오 나 머 다 라오 닌 러}
Hǎo! Nàme dǎrǎo nín le.

A : 来这儿坐吧。
_{라이 쩔 쭈오 바}
Lái zhèr zuò ba.

B : 是, 谢谢。
_{스 씨에 셰}
Shì, xièxie.

해석

A : 아, 김 군, <u>어서 들어 오세요</u>!

B : 예! 그러면 실례하겠 습니다.

A : 이리 와서 앉으세요.

B : 네, 감사합니다.

알아두기 / '随便'

➤ '随便'은 '마음대로(자유로이) 하다'의 의미로 자신에게 아무런 의견이 없을 때, 혹은 아무렇게 해도 상관이 없을 경우에 사용합니다. 가령 식사를 주문할 때 '随便吧.'라고 한다면 '아무거나 먹겠다'라는 의미가 되는 것입니다. 관련 표현에 나온 '随便吧.'는 상황이 약간 다른 것으로 '(알아서) 마음대로 편안하게 있으세요.'의 의미가 내포된 것입니다.

4

와 줘서 기뻐요.

基本表现

뛔이 부 치　　라이 완 러
A : 对不起，来晚了。
Duì bu qǐ, lái wǎn le.

아이 요　　리 샤오 제　　니 넝 라이　워 쩐 까오 싱
B : 唉哟，李小姐，你能来，我真高兴。
Àiyō, Lǐ xiǎojiě, nǐ néng lái, wǒ zhēn gāoxìng.

A : 늦어서 죄송합니다.
B : 아, 이 양, 와 줘서 기뻐요.

관련표현

자오이 디엔 취 빵 망 하오 부 하오
❶ 早一点去帮忙好不好?
Zǎo yì diǎn qù bāng máng hǎo bu hǎo?
일찍 가서 도와드릴까요?

게이 타 지에 샤오 이 샤
❷ 给他介绍一下。
Gěi tā jièshào yíxià.
그에게 소개해 드리겠습니다.

워 런 스 타
❸ 我认识他。
Wǒ rènshi tā.
저는 그를 알고 있습니다.

씨에 세　닌 자오 따이 워
❹ 谢谢您招待我。
Xièxie nín zhāodài wǒ.
초대해 주셔서 감사합니다.

8
초
대
·
방
문

연습

A : 对不起，来晚了。
뚜이 부 치　라이 완 러
Duì bu qǐ, lái wǎn le.

B : 啊，李小姐，＿＿＿＿＿＿＿，
아　리 샤오 제
Ā, Lǐ xiǎojiě, nǐ néng lái,

＿＿＿＿＿＿＿＿＿。请进吧！
칭 찐 바
wǒ zhēn gāoxìng. Qǐng jìn ba!

A : 谢谢。
씨에 셰
Xièxie.

해석

A : 늦어서 죄송해요.

B : 아, 이 양, *와 줘서 기뻐요.* 들어오세요.

A : 감사합니다.

▶ **북해공원**
（北海公园 Běihǎi Gōngyuán）

　북경 고궁의 서북쪽에 위치한 공원으로 북해(北海)라는 연못을 중심으로 한 공원이다.

　공원 중심부의 백탑(사진)은 라마교식 탑이다. 이곳에서 고궁의 서쪽을 바라볼 수 있다.

5

무엇을 드시겠어요?

니 야오 허 디얼 선 머
A : 你要喝点儿什么？
Nǐ yào hē diǎnr shénme?

쒜이 비엔 바
B : 随便吧。
Suíbiàn ba.

A : 무엇을 드시겠어요?(마시겠어요?)
B : 알아서 해 주세요.

허 부 허 인 랴오
❶ **喝不喝饮料？**
Hē bu hē yǐnliào?
음료수 드시겠어요?

하오 씨에세 워 야오 허 워 부 허
❷ **好，谢谢。[我要喝。/我不喝。]**
Hǎo, xièxie.[Wǒ yào hē./ Wǒ bù hē.]
네, 고맙습니다.[마시겠습니다./ 안 마십니다.]

이 뻬이 지우 씽
❸ **一杯就行。**
Yì bēi jiù xíng.
한잔이면 됩니다.

워 야오 카 페이
❹ **我要咖啡。**
Wǒ yào kāfēi.
저는 커피를 주세요.

연습

A : 칭 쭈오 바
请坐吧。
Qǐng zuò ba.

B : 씨에 세
谢谢。
Xièxie.

A : _______________________?
Nǐ yào hē diǎnr shénme?

워 쩡 짜이 아오 차 너
我正在熬茶呢。
Wǒ zhèngzài āo chá ne.

B : 응   쒜이 비엔 바
嗯。……, 随便吧!
Ng。……, suíbiàn ba!

알아두기 / 다양한 음료

➡ **可口可乐** kěkǒu kělè 코카콜라   **百事可乐** bǎishì kělè 펩시콜라
汽水 qìshuǐ 사이다   **矿泉水** kuàngquánshuǐ 광천수
酸奶 suānnǎi 요구르트   **啤酒** píjiǔ 맥주
果汁 guǒzhī 과일주스   **咖啡** kāfēi 커피

6
어서 드세요.

基本表现

A : 快吃吧。
Kuài chī ba.

B : 好，谢谢。
Hǎo, xièxie.

A : 어서 드세요.
B : 네, 잘 먹겠습니다.

관련표현

❶ 请您选一下喜欢的菜。
Qǐng nín xuǎn yíxià xǐhuan de cài.
당신이 좋아하는 요리를 고르세요.

❷ 哪个菜好呢？
Nǎ ge cài hǎo ne?
어느 요리가 좋을까요?

❸ 对您来说，这个好些。
Duì nín lái shuō, zhège hǎoxiē
당신에게는 이것이 좋을 것 같군요.

❹ 我吃这个。
Wǒ chī zhège.
이것을 먹겠습니다.

연습

A : 哇, 看起来很好吃。
와　칸 치 라이 헌 하오 츠
Wā, kàn qǐ lái hěn hǎochī.

B : 这是北京烤鸭, 是中国菜,
쩌 스 베이 징 카오 야　스 쭝 궈 차이
Zhè shì Běijīng kǎoyā, shì Zhōngguócài,

___________。
kuài chī ba.

A : 好, 谢谢。
하오　씨에 셰
Hǎo, xièxie.

▶ **북경 오리구이**
（北京烤鸭 Běijīng kǎoyā）

북경의 대표적인 요리이다.
　연한 오리살과 바삭바삭한 오리
껍질을 얇게 저며, 펼친 밀쌈 위에
놓고 특유의 소스와 파 등을 함께
싸서 먹는다. 기름기를 잘 제거해서
오리고기의 느끼한 맛을 없앴다.

7

밥 더 드실래요?

基本表現

짜이 라이 디엔 판 마
A : 再来点饭吗?
Zài lái diǎn fàn ma?

뿌 워 츠 바오 러
B : 不，我吃饱了。
Bù, wǒ chī bǎo.

A : 밥 더 드실래요?
B : 아니오, 저는 배가 불러요.

관 련 표 현

허 코우 웨이 마
❶ 合口味吗?
Hé kǒuwèi ma?
입에 맞으세요?

웨이 따오 쩐 머 양
❷ 味道怎么样?
Wèidao zěnmeyàng?
맛은 어때요?

웨이 따오 부 추오
❸ 味道不错。
Wèidao búcuò.
아주 맛있네요.

쩐 하오 츠
❹ 真好吃。
Zhēn hǎo chī.
대단히 맛있습니다.

연습

A : _________________?
   Zài lái diǎn fàn ma?

B : 啊, 不, 我吃饱了。
   A, bù, wǒ chī bǎo le.

A : 菜的味道怎么样?
   Cài de wèidao zěnmeyàng?

   合口味吗?
   Hé kǒuwèi ma?

B : 很好吃, 有独特的味道。
   Hěn hǎochī, yǒu dútè de wèidao.

해석

A : <u>밥 더 드실래요?</u>

B : 아, 아니오. 저는 배가 불러요.

A : 어떠세요? 요리 맛이 어떠세요? 입에 맞나요?

B : 매우 맛있습니다. 독특한 맛이 있어요.

 **알아두기 / 여러 가지 맛**

甜 tián 달다   酸 suān 시다
苦 kǔ 쓰다   辣 là 맵다
咸 xián 짜다   浓 nóng 진하다
淡 dàn 담백하다   腻 nì 느끼하다

8

이만 가 보겠습니다.

基本表现

A : 那么，我该走了。
Nàme, wǒ gāi zǒu le.

B : 请慢走。
Qǐng màn zǒu.

A : 그럼, 이만 가 보겠습니다.
B : 살펴 가세요.

관련표현

❶ 时间不早了, 我该走了。
Shíjiān bù zǎo le, wǒ gāi zǒu le.
시간이 늦었군요, 저는 이만 가 보겠습니다.

❷ 那么, 这就失陪了。
Nàme, zhè jiù shīpéi le.
그러면, 이만 먼저 실례하겠습니다.

❸ 后会有期。
Hòu huì yǒuqī.
또 만나뵙기를 기대하겠습니다.

❹ 请留步。
Qǐng liú bù.
나오지 마세요.

❺ 送到车站。　　　Sòng dào chēzhàn.
역까지 모셔다 드리겠습니다.

연습

A : __________ , 今天真叫人高兴。
Wǒ gāi zǒu le, jīntiān zhēn jiào rén gāoxìng.

B : 再来玩一玩。
Zài lái wán yi wán.

A : 已经深夜了 , 太打搅您了。
Yǐjing shēnyè le , tài dǎjiǎo nín le.

请留步。
Qǐng liú bù.

B : 请慢走。
Qǐng màn zǒu.

해석

A : <u>이만 가 보겠습니다.</u> 오늘 정말 즐거웠습니다.

B : 또 놀러 오세요.

A : 이미 밤이 깊었군요. 정말 실례가 많았습니다. 나오지 마세요.

B : 살펴 가세요.

알아두기 / 손님 마중의 표현

➡ '时间不早了。'는 직역하면 '시간이 이르지 않다.' 이지만 '시간이 늦었다.' 로 의역해서 이해해야 합니다. 이는 예의를 차려 완곡하게 의미를 전달하는 옛 문체의 영향이 남아 있는 문장입니다. '请留步。'도 이와 비슷한데 '걸음을 머무르세요.' 라고 해석하지 말고 '나오지 마세요.' 로 해석해야 합니다.

중국 요리

4000년의 유구한 역사와 광대한 영토를 가진 중국은 각 지방이 상이한 기후풍토, 서로 다른 생산물을 가진 관계로 지방마다 특징 있는 요리가 발달되어 왔다. 중국요리를 지역적으로 크게 분류하면 북경요리(北京料理), 남경요리(南京料理), 광동요리(广东料理), 사천요리(四川料理)로 나눌 수 있다.

북경요리 : 북경을 중심으로 산동성, 태원까지의 요리를 포괄한다. 북경이 오랫동안 중국의 수도였던 까닭에 궁중 요리를 비롯한 고급 요리가 발달하였다. 화력이 강한 석탄을 사용하여 짧은 시간에 조리하는 튀김, 볶음요리 등이 발달하였다. 대표적인 요리로는 북경 오리구이(北京烤鸭)가 있다.

남경요리 : 남경은 중부를 대표하는 도시이다. 19세기 서구 열강의 침입으로 상하이가 중심이 되자 남경요리는 구미풍으로 변화하였는데 이를 상해요리(上海料理)라 한다. 이 지방은 바다에 가까운 장강(长江) 하구를 중심으로 이루어져 있기 때문에 해산물과 미곡을 바탕으로 한 요리가 발달하였으며 기름기 많고 맛이 진한 것이 특징이다.

광동요리 : 광주(广州)를 중심으로 복건성의 요리를 총칭한다. 광동요리는 종류와 맛이 매우 다양한데, 서양의 영향으로 서양 요리의 재료와 조미료를 많이 사용한다. 신선하고 부드러우며 재료의 원래 맛을 살리는 것이 광동요리의 특징이다.

사천요리 : 사천(四川), 운남(云南), 귀주(贵州) 지방의 요리를 총칭한다. 이곳의 음식은 고추, 마늘, 파 등을 사용하여 강한 향기와 톡 쏘는 매운맛을 낸다. 이런 특색은 습도가 높고 여름에는 더운 사천 분지의 특성에서 유래했다고 한다. 유명한 요리로는 닭고기 땅콩볶음(宫宝鸡丁), 마파두부(麻婆豆腐) 등이 있다.

회사생활

1
어떤 회사입니까?

基本表現

A : 贵公司在经营什么？
Guì gōngsī zài jīngyíng shénme?

B : 我公司正在开发电脑软件。
Wǒ gōngsī zhèngzài kāifā bàndǎotǐ zhìpǐn.

A : 댁의 회사는 어떤 일을 합니까?
B : 저희 회사는 컴퓨터 소프트웨어를 개발합니다.

관련표현

❶ 是与美国的合并公司。
Shì yú Měiguó de hébìng gōngsī.
미국과의 합병회사입니다.

❷ 签订了技术协同。
Qiāndìng le jīshù xiétóng.
기술 제휴를 맺고 있습니다.

❸ 是专门销售公司。
Shì zhuānmén xiāoshòu gōngsī.
판매 전문 회사입니다.

무 치엔

A : 目前,＿＿＿＿＿＿＿＿＿＿＿＿?
Mùqián, guì gōngsī zhèngzài jīngyíng shénme?

워 꽁쓰 쩡 짜이 카이 파 띠엔 나오 롼 지엔

B : 我公司正在开发电脑软件。
Wǒ gōngsī zhèngzài kāifā diànnǎo ruǎnjiàn.

왕 주런 푸저 선머 예우

A : 王主任负责什么业务?
Wáng zhǔrèn fùzé shénme yèwù?

워 푸저 샤오 쇼우 예우

B : 我负责销售业务。
Wǒ fùzé xiāoshòu yèwù.

A : 지금, <u>귀 회사에서는 어떤 일을 합니까?</u>

B : 저희 회사는 컴퓨터 소프트웨어를 개발하고 있습니다.

A : 왕 주임은 어떤 일을 담당하고 있습니까?

B : 저는 판매 업무를 담당하고 있습니다.

9 회사생활

알아두기 / 직급 · 직책

董事长 dǒngshìzhǎng 회장　　总经理 zǒngjīnglǐ 총사장

经理 jīnglǐ 사장　　常务 chángwù 상무

局长 júzhǎng 국장　　部长 bùzhǎng 부장

科长 kèzhǎng 과장　　主任 zhǔrèn 주임

代理 dàilǐ 대리　　社员 shèyuán 사원

秘书 mìshū 비서

2

사원은 몇 명인가요?

基本表现

A : 贵公司有多少社员?
Guì gōngsī yǒu duōshao shèyuán?

B : 总共四十名。
Zǒng gòug sìshí míng.

A : 귀 회사의 사원은 몇 명입니까?

B : 전부 40명입니다.

관련표현

❶ 公司什么时候成立的?
Gōngsī shénme shíhou chénglì?
회사는 언제 생겼습니까?

❷ 刚成立。
Gāng chénglì.
생긴 지 얼마 안 되었습니다.

❸ 有分社吗?
Yǒu fēnshè ma?
지사가 있습니까?

❹ 有几个交易公司?
Yǒu jǐ ge jiāoyì gōngsī?
거래처는 몇 군데 정도 있습니까?

연습

A : ＿＿＿＿＿＿＿＿＿＿＿＿＿＿＿?
　　Guì gōngsī yǒu duōshao zhǐgōng?

B : 总共四十名。
　　Zǒng gòng sìshí míng.

A : 公司里有几个部门?
　　Gōngsī lǐ yǒu jǐ ge bùmén.

B : 有营业部, 策划部, 管理部,
　　Yǒu yíngyèbù, cèhuàbù, guǎnlǐbù,

　　总务部, 一共四个部门。
　　zǒngwùbù yígòng sì ge bùmén.

9
회
사
생
활

▶ **옹화궁**(雍和宮 Yōnghégōng)

　북경시 내의 동북쪽에 위치
한 북경 유일의 라마교 사원.
본래 황제의 별궁 가운데 하나
였으나 라마교 사원으로 사용
하게 되었다. 세계 최대의 목조
미륵불(18m)이 세워져 있는 것
으로도 유명하다.

3

점심은 밖에서 먹습니까?

基本表现

우 판 따오 와이 비엔 취 츠 마
A : 午饭到外边去吃吗?
Wǔfàn dào wàibiān qù chī ma?

뿌 짜이 셔 네이 찬 팅 츠
B : 不, 在社内餐厅吃。
Bù, zài shènèi cāntīng chī.

A : 점심은 밖에서 먹습니까?
B : 아니오, 회사 식당에서 먹습니다.

관련표현

꽁쓰 푸 진 요우하오 판 디엔 마
❶ 公司附近有好饭店吗?
Gōngsī fùjìn yǒu hǎo fàndiàn ma?
회사 근처에 좋은 식당이 있습니까?

짜이 쩌 따 샤 리 요우 메이 요우 찬 팅
❷ 在这大厦里有没有餐厅?
Zài zhè dàxià lǐ yǒu mei yǒu cāntīng?
이 빌딩 안에 식당은 없습니까?

시아 빤 호우 니 쭈오 션 머
❸ 下班后, 你做什么?
Xià bān hòu, nǐ zuò shénme?
퇴근 후에는 무엇을 합니까?

타 더 꽁쓰 찡 창 쟈 빤 마
❹ 她的公司经常加班吗?
Tā de gōngsī jīngcháng jiā bān ma?
그의 회사는 잔업을 자주 합니까?

138

연습

A : _________________________?
Wǔfàn dào wài biān qù chī ma?

B : 不, 在社内餐厅吃。
Bù, zài shè nèi cāntīng chī.

A : 不加班时做什么?
Bù jiābān shí zuò shénme?

B : 出去喝酒。
Chū qù hē jiǔ.

9
회
사
생
활

알아두기 / 인칭 대명사 '他, 她'

➡ '他'는 사람을 나타내는 인칭 대명사로 3인칭 남성을 대신할 때 사용합니다. 여성을 대신하는 대명사로는 '她(tā)'가 있습니다. 사물을 표현하는 대명사는 남성과 여성에 상관없이 '它(tā)'를 사용합니다.

4
입사한 지 10년째입니다.

基本表现

루 셔 이징 요우 스 니엔 러
A : 入社已经有十年了。
Rù shè yǐjīng yǒu shí nián le.

와 쩐 랴오 부 치
B : 哇，真了不起。
Wā, zhēn liǎo bu qǐ.

A : 입사한 지 10년째입니다.
B : 대단하군요.

관련표현

니 루 셔 요우 지 니엔　　　니 루 셔 요우뚜오 지우
❶ 你入社有几年？ / 你入社有多久？
Nǐ rù shè yǒu jǐ nián? / Nǐ rù shè yǒu duō jiǔ?
당신은 입사한 지 몇 년 되었습니까?/ 얼마나 오래 되었습니까?

니 스 션머 스호우 루 셔 더
❷ 你是什么时候入社的？
Nǐ shì shénme shíhou rù shè de?
당신은 언제 입사하셨습니까?

찡 창 추 차이 마
❸ 经常出差吗？
Jīngcháng chūchāi ma?
자주 출장을 갑니까?

요우 시우 쟈 마
❹ 有休假吗？
Yǒu xiūjià ma?
휴가는 있습니까?

연습

A : 大学毕业后想做什么？
Dàxué bìyè hòu xiǎng zuò shénme?

B : 想在银行工作。
Xiǎng zài yínháng gōngzuò.

A : 是吗？
Shì ma?

我在银行工作______________。
Wǒ zài yínháng gōngzuò yǐjīng yǒu shí nián le.

B : 哇, 真了不起。
Wā, zhēn liǎo bu qǐ.

알아두기 / 직업

社员 shèyuán 회사원　　厨师 chúshī 요리사
警察 jǐngchá 경찰　　农夫 nóngfū 농민
公务员 gōngwùyuán 공무원　　售货员 shòuhuòyuán 판매원
记者 jìzhě 기자　　商人 shāngrén 상인
律师 lǜshī 변호사　　演员 yǎnyuán 배우
司机 sījī 운전기사　　老师 lǎoshī 교사

141

5

김산 부장님 계십니까?

基本表现

A : 金山部长在吗?
Jīn Shān bùzhǎng zài ma?

B : 正在开会呢。
Zhèngzài kāi huì ne.

A : 김산 부장님 계십니까?
B : 지금 마침 회의중입니다.

9 회사생활

관련표현

❶ 对不起，他现在不在。
Duì bu qǐ, tā xiàn zài bú zài.
죄송합니다, 지금 안 계십니다.

❷ 请您把这个文件交给他好吗?
Qǐng nín bǎ zhège wénjiàn jiāo gěi tā hǎo ma?
이 서류를 그에게 전해 주시겠어요?

❸ 他身体不舒服没能上班。
Tā shēntǐ bù shūfu méi néng shàng bān.
그는 몸이 불편해서 출근하지 못했습니다.

❹ 金山部长已经调走了。
Jīn Shān bùzhǎng yǐjing diào zǒu le.
김산 부장님은 전근하셨습니다.

A : 我是正进商社的。
Wǒ shì Zhèngjìn Shāngshè de.

_______________________?
Jīn Shān bùzhǎng zài ma?

B : 正在开会呢。
Zhèngzài kāi huì ne.

A : 要等多久?
Yào děng duō jiǔ?

B : 等5分钟左右就可以了。
Děng wǔ fēn zhōng zuǒyòu jiù kěyǐ le.

A : 저는 정진상사입니다. <u>김 산 부장님 계십니까?</u>

B : 지금 마침 회의중입니다.

A : 얼마나 오래 기다려야 합니까?

B : 5분 정도 기다리시면 됩니다.

9 회사생활

알아두기 / 사무용품

➡ 桌子 zhuōzi 책상   椅子 yǐzi 의자
   电脑 diànnǎo 컴퓨터   复印机 fùyìnjī 복사기
   打印机 dǎyìnjī 프린터   传真机 chuánzhēnjī 팩스
   名片 míngpiàn 명함   图章 túzhāng 도장
   订书机 dìngshūjī 스테플러   文件袋 wénjiàndài 서류봉투
   透明胶带 tòumíng jiāodài 접착용 셀로판 테이프

6

휴가에 뭘 하실 생각이십니까?

基本表现

A : 休假期间想干什么?
Xiūjià qījiān xiǎng gàn shénme?

B : 准备去旅行。
Zhǔnbèi qù lǚxíng.

A : 휴가에 뭘 하실 생각이십니까?
B : 여행을 가려고 합니다.

관련표현

❶ 这次休假干什么?
Zhè cì xiūjià gàn shénme?
이번 휴가에 무엇을 하실 겁니까?

❷ 休假日程已经定了吗?
Xiūjià rìchéng yǐjing dìng le ma?
휴가 일정은 이미 정했습니까?

❸ 休几天?
Xiū jǐ tiān?
며칠을 쉽니까?

❹ 可以休息一个星期。
Kěyǐ xiūxi yí gè xīngqī.
일주일간 쉴 수 있습니다.

9
회
사
생
활

연습

A : ___________________?
Xiūjià qījiān xiǎng gàn shénme?

B : 准备去旅行。
Zhǔnbèi qù lǚxíng.

A : 你想去哪里?
Nǐ xiǎng qù nǎli?

B : 要去法国。
Yào qù Fǎguó.

해석

A : <u>휴가 기간에 무엇을 하실 생각이십니까?</u>

B : 여행을 가려고 합니다.

A : 어디로 가실 겁니까?

B : 프랑스로 가려 합니다.

알아두기 / 운동 · 취미

足球 zúqiú 축구

棒球 bàngqiú 야구

乒乓球 pīngpāngqiú 탁구

排球 páiqiú 배구

篮球 lánqiú 농구

羽毛球 yǔmáoqiú 배드민턴

跆拳道 táiquándào 태권도

太极拳 tàijíquán 태극권

体操 tǐcāo 체조

电影 diànyǐng 영화

钓鱼 diàoyǔ 낚시

围棋 wéiqí 바둑

象棋 xiàngqí 장기

戏剧 xìjù 연극

7
잔업이 많습니까?

基本表现

쟈 빤 뚜오 마
A : 加班多吗?
Jiā bān duō ma?

스 부 궈 요우 이쓰
B : 是, 不过有意思。
Shì, búguò yǒu yìsi.

A : 잔업이 많습니까?
B : 네, 그래도 재미있습니다.

관련표현

하이 스 깐 쯔지 샹 깐 더 스 하오세
❶ 还是干自己想干的事好些。
Háishì gàn zìjǐ xiǎng gàn de shì hǎoxiē.
하고 싶은 일을 하는 편이 좋습니다.

하이 스 파 훼이 쯔지 더 창추 하오 세
❷ 还是发挥自己的长处好一些。
Háishì fāhuī zìjǐ de chángchù hǎo yìxiē.
자신의 장점을 발휘하는 것이 좋습니다.

뿌 쯔 위 루오짜이 비에 런호우 미엔
❸ 不至于落在别人后面。
Bú zhìyú luò zài bié rén hòumiàn.
남에게 뒤쳐지지는 않을 것입니다.

꿍 쓰 퉤이 시우니엔 링 스 리우 스쒜이
❹ 公司退休年龄是六十岁。
Gōngsī tuìxiū niánlíng shì liùshí suì.
회사 정년은 60세입니다.

연습

A : 中国人当中干活热心的人多吧？
풍 궈 런　땅 중　깐 훠　러 씬　 더　런　뚜오 바
Zhōngguórén dāngzhōng gàn huó rèxīn de rén duō ba.

B : 不好说，不过年轻人还是过得很
뿌 하오 슈오　부 궈　니엔 칭 런　하이 스　궈 더　헌
潇洒呢。
샤오 싸 너
Bù hǎo shuō, búguò niánqīngrén háishì guò de hěn xiāosǎ ne.

A : 金先生＿＿＿＿＿＿＿＿？
찐 시엔 셩
Jīn xiānsheng jiā ban duō ma?

B : 是啊，不过有意义。
스 아　부 궈 요우 이 이
Shì a, búguò yǒu yìyì.

▶ 인민영웅기념비(人民英雄纪念碑)
(Rénmín Yīngxióng Jìniànbēi)

　인민영웅기념비는 천안문 광장 남쪽
에 세워져 있는 약 38m 높이의 탑이다.
중국 공산당 혁명을 위해 목숨을 바친
사람들을 기리기 위해 1958년에 세워졌
다. 정면에는 모택동(毛泽东)의 글씨가
새겨져 있고 뒷면에는 주은래(周恩来)
가 쓴 비문이 새겨져 있다.

147

중국의 8대 명주

중국에는 약 4,500종의 술이 있는데 그 중에 명주 칭호를 받는 술로는 마오타이주, 분주, 오량액, 죽엽청주, 양하대곡, 노주특곡, 고정공주, 동주가 있다.

(1) 마오타이주(茅台酒) : 귀주성(貴州省) 마오타이촌에서 생산하여 마오타이주로 불린다. 고량과 소맥을 주원료로 7번의 증류와 3년 이상 숙성 과정과 엄격한 검사를 거쳐 출고된다. 1915년 파나마 만국박람회에서 세계 3대 명주로 선정되었다.

(2) 분주(汾酒) : 산서성(山西省)에서 생산된다. 1천 5백 년 역사를 자랑하는 분주는 술빛이 맑고 빛나며 향이 맑다.

(3) 오량액(五粮液) : 당나라 시대에 처음으로 양조되었다. 고량, 소맥 등 15가지 곡물로 양조하여 향기가 그윽하고 술맛이 순수하며 깨끗한 뒷맛이 일품이다.

(4) 죽엽청주(竹叶青酒) : 산서성에서 생산된다. 고량을 주 원료로 10여 가지의 천연 약재를 첨가하여 만든 술로 기(气)를 충족시키고 혈액을 잘 순환시키는 작용을 한다.

(5) 양하대곡(洋河大曲) : 강소성(江苏省)에서 생산된다. 달콤하고 부드러우며 연하고 맑고 깔끔한 향기 등 다섯 가지의 특색을 지니고 있다.

(6) 노주특곡(泸酒特曲) : 사천성(四川省) 노주(泸州)에서 생산된다. 향기가 농후하고 순수한 것이 특징이다.

(7) 고정공주(古井贡酒) : 옛날 조조(曹操)가 안휘성(安徽省) '古井' 물로 사용하여 만든 술을 황제에게 조공을 올려 칭찬을 받았다고 해서 이 이름이 붙었다.

(8) 동주(董酒) : 동주는 고량을 주 원료로 산천수를 사용하고 여기에 1백 30종의 유명 약재를 첨가하여 만든다.

전 화

1

여보세요, 장 선생 댁입니까?

基本表现

A : 喂，是张先生家吗?
Wèi, shì Zhāng xiānshēng jiā ma?

B : 是。您是谁?
Shì. Nín shì shéi?

A : 여보세요, 장 선생 댁입니까?
B : 그렇습니다. 당신은 누구시죠?

관련표현

❶ 打搅您了, 请转金山先生。
Dǎ jiǎo nín le, qǐng zhuǎn Jīn Shān xiānsheng.
실례지만, 김산 씨를 부탁드립니다.

❷ 很抱歉, 您是谁?
Hěn bàoqiàn, nín shì shéi?
실례지만, 누구십니까?

❸ 我叫李惠民。
Wǒ jiào Lǐ Huìmín.
저는 이혜민입니다.

❹ 您找谁呀?
Nín zhǎo shéi ya?
누구를 찾으십니까?

연습

A : _________________________?
Wèi, shì Zhāng xiānsheng jiā ma?

B : 是的。您是谁?
Shìde. Nín shì shéi?

A : 我叫李惠民,张先生在吗?
Wǒ jiào Lǐ Huìmín, Zhāng xiānsheng zài ma?

B : 啊,李小姐,是我呀。
A, Lǐ xiǎojiě, shì wǒ ya.

해석

A : <u>여보세요, 장 선생 댁 입니까?</u>

B : 그렇습니다. 누구시죠?

A : 저는 이혜민입니다, 장 선생 계십니까?

B : 아, 이 양, 접니다.

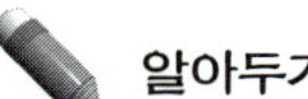

알아두기

➡ 전화를 걸 때 맨 먼저 들려오는 소리가 '웨이(喂 wèi)', 즉 우리 말의 '여보세요!'에 해당하는 말입니다. 그런데 '喂'는 본래 제4 성의 발음이나 사람에 따라서 성조를 다르게 발음합니다. 우리의 경우도 전화를 받으면서 사람에 따라서 서로 다른 억양으로 말하 듯이 중국어도 전화상의 '喂'에서 만큼은 성조에 상당한 융통성이 있는 것 같습니다.

2

잠시만 기다려 주세요.

基本表现

A : 王先生在吗?
Wáng xiānsheng zài ma?

B : 请稍等。
Qǐng shāo děng.

A : 왕 선생님 계십니까?
B : 잠시만 기다려 주세요.

10 전 화

관련표현

❶ 不好意思, 您贵姓?
Bù hǎoyìsi, nín guì xìng?
실례지만, 성함이 어떻게 되십니까?

❷ 你来电话, 有什么事?
Nǐ lái diànhuà, yǒu shénme shì?
무슨 일로 전화하셨습니까?

❸ 等很长时间了吧? 我是金山。
Děng hěn cháng shíjiān le ba? Wǒ shì Jīn Shān.
많이 기다리셨지요? 저는 김산입니다.

❹ 喂, 你好! 我是金山。
Wèi, nǐ hǎo! Wǒ shì Jīn Shān.
네, 안녕하세요! 저는 김산입니다.

연습

A : 王先生在吗?
Wáng xiānsheng zài ma?

B : 是李小姐吗? ____________。
Shì Lǐ xiǎojiě ma? Qǐng shāo děng.

C : 喂, 你好! 我是王文。
Wèi, nǐ hǎo! Wǒ shì Wáng Wén.

A : 我叫李惠民。
Wǒ jiào Lǐ Huìmín.

C : 噢, 李小姐, 好久不见,
Ō, Lǐ xiǎojiě, hǎojiǔ bújiàn,

身体好吗?
shēntǐ hǎo ma?

해석

A : 왕 선생님 계십니까?

B : 이 양이세요? <u>잠시 기다려 주십시오.</u>

C : 예 안녕하세요! 왕원입니다.

A : 저는 이혜민입니다.

C : 아아, 이 양, 오래간만이군요. 건강하세요?

알아두기 / 전화 예절 (1)

➜ 일반 가정에서 전화를 받을 때는 '여보세요?' 라고 말하는 것이 대부분이지만 회사나 단체에서 전화를 받을 때는 정도의 차이는 있지만, '네, 안녕하세요, ○○입니다.' 라는 표현을 많이 씁니다. 중국에도 비슷한 표현이 있는데 전화를 받을 때 '喂, 你好! 我是○○。' 라고 말합니다.

3
연결해 드리겠습니다.

基本表现

A : 请转营业部的金先生。
Qǐng zhuǎn yíngyèbù de Jīn xiānsheng.

B : 好，请稍等，马上给你转。
Hǎo, qǐng shāo děng, mǎshàng gěi nǐ zhuǎn.

A : 영업부의 김 선생 부탁드리겠습니다.

B : 네, 잠시만 기다려 주십시오. 곧 연결해 드리겠습니다.

10
전
화

관련표현

❶ 请让会说韩国话的人接电话。
Qǐng ràng huì shuō Hánguóhuà de rén jiē diànhuà.
한국어를 할 수 있는 분과 통화하게 해 주세요.

❷ 转总务部的哪位好呢？
Zhuǎn zǒngwùbù de nǎ wèi hǎo ne?
총무부의 어느 분을 연결해 드릴까요?

❸ 别挂断，等一下吧。
Bié guā duàn, děng yíxià ba.
끊지 말고 기다려 주세요.

❹ 是金先生打来了电话。
Shì Jīn xiānsheng dǎ lái le diànhuà.
김 선생에게서 전화 왔습니다.

연습

A : 喂! 这是正进贸易公司。
Wèi! Zhè shì Zhèngjìn màoyì gōngsī.

B : 请转营业部的金先生。
Qǐng zhuǎn yíngyèbù de Jīn xiānsheng.

A : 请问，您是哪位?
Qǐngwèn, nín shì nǎ wèi?

B : 我是从韩国来的金明德。
Wǒ shì cóng Hánguó lái de Jīn Míngdé.

A : 好，请稍等，＿＿＿＿＿＿。
Hǎo, qǐng shāo děng, mǎshàng gěi nǐ zhuǎn.

알아두기 / 전화 필수 용어 (1)

→ **电话** diànhuà 전화 　　　　　**听筒** tīngtǒng 수화기

号码盘 hàomǎpán 전화 다이얼　**电话线** diànhuàxiàn 전화선

手机 shǒujī 휴대전화　　　　　**内线** nèixiàn 구내전화

总机 zǒngjī 교환대　　　　　　**区域号码** qūyì hàomǎ 지역번호

电话号码 diànhuà hàomǎ 전화번호

4
지금 자리에 안 계십니다.

워 쟈오 찐산　왕　커 장 짜이 마
A : 我叫金山, 王科长在吗?
Wǒ jiào Jīn Shān, Wáng kèzhǎng zài ma?

왕　커 장　시엔 짜이 부 짜이
B : 王科长现在不在。
Wáng kèzhǎng xiànzài bú zài.

A : 저는 김산이라고 합니다만, 왕 과장님 계십니까?
B : 왕 과장님은 지금 자리에 안 계십니다.

관련표현

짱 푸 시엔 짜이 추 취 러
❶ 丈夫现在出去了。
Zhàngfu xiànzài chū qù le.
남편은 지금 외출했습니다.

션 머 스 호우훼이 라이 너
❷ 什么时候回来呢?
Shénme shíhou huí lai ne?
언제 돌아오십니까?

마 샹 훼이 라이
❸ 马上回来。
Mǎshàng huí lai.
금방 올 것입니다.

션 머 스 호우 짜이 쟈
❹ 什么时候在家? Shénme shíhou zài jiā?
언제 댁에 계십니까?

샤 우 짜이 마
❺ 下午在吗?
Xiàwǔ zài ma?
오후에는 계십니까?

A : 这儿是营业部。
Zhèr shì yíngyèbù.

B : 我叫金山，王科长在吗？
Wǒ jiào Jīn Shān, Wáng kèzhǎng zài ma?

A : ＿＿＿＿＿＿＿＿＿＿＿＿＿＿。
Wáng kèzhǎng xiànzài bú zài.

B : 是吗？那么过会儿再打吧。
Shì ma? Nàme guò huìr zài dǎ ba.

A : 영업부입니다.

B : 저는 김산이라고 합니다만, 왕 과장님 계십니까?

A : 왕 과장님은 지금 자리를 비우셨습니다.

B : 그렇습니까? 그럼 나중에 다시 전화하겠습니다.

10
전
화

알아두기 / 전화 필수 용어 (2)

→ 长途电话 chángtú diànhuà 장거리 전화
国际电话 guójì diànhuà 국제전화
国内电话 guónèi diànhuà 국내전화
国际电话台 guójì diànhuàtái 국제전화 오퍼레이터
对方付款的电话 duìfāng fùkuǎn de diànhuà 콜렉트 콜

5

지금 다른 전화를 받고 있습니다.

基本表现

A : 请转朴主任。
Qǐng zhuǎn Piáo zhǔrèn.

B : 他正在接另一个电话。
Tā zhàngzài jiē lìng yí ge diànhuà.

A : 박 주임 부탁드립니다.
B : 그는 지금 다른 전화를 받고 있습니다.

10 전 화

관련표현

❶ 朴主任正在接电话。
Piáo zhǔrèn zhèngzài jiē diànhuà.
박 주임은 지금 통화중입니다.

❷ 没人接。
Méi rén jiē.
받는 사람이 없습니다.

❸ 需要这边再打电话吗?
Xūyào zhèbiān zài dǎ diànhuà ma?
이쪽에서 다시 전화를 해야 합니까?

❹ 要等多久才能接通?
Yào děng duō jiǔ cái néng jiētōng?
얼마나 기다려야 연결이 될까요?

A : 这儿是正进商社。
Zhèr shì Zhèngjìn Shāngshè.

B : 我叫王文，请转朴主任。
Wǒ jiào Wáng Wén, Qǐng zhuǎn Piáo zhǔrèn.

A : 他______________________。
Tā zhèngzài jiē lìng yí ge diànhuà.

B : 那么，通话结束，就给我来电话。
Nàme, tōnghuà jiéshù, jiù gěi wǒ lái diànhuà.

A : 好！
Hǎo!

A : 정진상사입니다.

B : 저는 왕문이라고 합니다. 박 주임을 바꿔 주십시오.

A : 그는 <u>지금 마침 다른 전화를 받고 있습니다</u>.

B : 그럼, 통화가 끝나는 대로 전화를 주셨으면 합니다.

A : 네! 알겠습니다.

10 전 화

▶ **노구교(芦沟桥 Lúgōuqiáo)**

북경 영정강(永定江) 위에 세워진 길이 266m, 너비 9m의 다리이다. 281개의 돌난간과 기둥이 있으며, 기둥 위에는 다양한 모습의 사자가 조각되어 있다.

1937년 7월 7일 시작된 중일전쟁의 발원지이기도 하다.

6
그럼 다시 전화하겠습니다.

基本表现

A : 好象七点就能结束。
Hǎoxiàng qī diǎn jiù néng jiéshù.

B : 那么过一会儿再打电话。
Nàme guò yí huìr zài dǎ diànhuà.

A : 7시 반에는 끝날 것 같습니다.
B : 그럼 잠시 후에 다시 전화하겠습니다.

관련표현

❶ 什么时候再打电话好呢?
Shénme shíhou zài dǎ diànhuà hǎo ne?
언제 다시 전화하면 좋을까요?

❷ 这边给你打电话吧。
Zhèbiān gěi nǐ dǎ diànhuà ba.
이쪽에서 걸겠습니다.

❸ 过一会儿再来电话好吗?
Guò yí huìr zài lái diànhuà hǎo ma?
잠시 후에 다시 전화 주시겠습니까?

❹ 五分钟后再打。
Wǔ fēn zhōng hòu zài dǎ.
5분 후에 또다시 걸겠습니다.

연습

A : 金山先生在吗?
Jīn Shān xiānsheng zài ma?

B : 对不起, 他正在开会。
Duì bu qǐ, tā zhèngzài kāi huì.

A : 什么时候结束?
Shénme shíhou jiéshù?

B : 好象七点就能结束。
Hǎoxiàng qī diǎn jiù néng jiéshù.

A : ___________________。
Nàme guò yí huìr zài dǎ diànhuà.

해석

A : 김산 선생님 계십니까?

B : 죄송합니다. 지금 회의중이십니다.

A : 언제쯤 끝납니까?

B : 7시에는 끝날 것입니다.

A : _그러면 잠시 후에 다시 전화하겠습니다._

알아두기 / 전화 예절 (2)

➡ 전화상에서, 혹은 대화 중에 상대방의 이야기가 잘 들리지 않으면 '听不清楚 tīng bu qīngchu'라고 말하면 됩니다. 이 말은 '잘 안 들립니다.'의 의미인데 상대의 말소리가 너무 작아서 안 들릴 경우는 '请你大声一点儿。 Qǐng nǐ dà shēng yì diǎnr.(크게 말씀해 주세요.)'를 뒤에 붙이면 되고 '잘 안 들립니다. 다시 한 번 말씀해 주세요.'라고 말하려면 뒤에 '请再说一遍吧。 Qǐng zài shuō yí biàn ba.'를 붙이면 됩니다.

7

말을 전해 주십시오.

基本表现

A : 他现在不在办公室。
Tā xiànzài búzài bàngōngshì.

B : 那么, 请你转告我的留言。
Nàme, qǐng nǐ zhuǎngào wǒ de liúyán.

A : 지금 사무실에 안 계십니다.
B : 그럼 저의 말을 전해 주십시오.

10 전 화

관 련 표 현

❶ 请你转达一下。
Qǐng nǐ zhuǎndá yíxià.
전달해 주십시오.

❷ 想留个条子。
Xiǎng liú ge tiáozi.
메모를 남기고 싶습니다.

❸ 几点钟能回来?
Jǐ diǎn zhōng néng huí lai?
몇 시 정도에 돌아오십니까?

❹ 六点钟能回来。
Liù diǎn zhōng néng huí lái.
6시에는 돌아올 것입니다.

연습

A : 这是营业部。
Zhè shì yíngyèbù.

B : 我叫刘芳, 金先生在吗?
Wǒ jiào Liú Fāng, Jīn xiānsheng zài ma?

A : 金先生现在不在办公室。
Jīn xiānsheng xiànzài búzài bàngōngshì.

B : 是吗? 那么, ______________。
Shì ma? Nàme, qǐng zhuǎngào wǒ de liúyán.

해석

A : 네, 영업부입니다.

B : 저는 류팡이라고 합니다, 김 선생님 계십니까?

A : 김 선생님은 지금 사무실에 안 계십니다.

B : 그렇습니까? 그럼 저의 말을 전해 주십시오.

▶ 중국 거리의 공중전화

8

반드시 전해 드리겠습니다.

基本表现

A : 我的电话号码是 969 — 8561。
Wǒ de diànhuà hàomǎ shì jiǔ liù jiǔ, bā wǔ liù yāo.

B : 我一定转告他。
Wǒ yídìng zhuǎngào tā.

A : 제 전화번호는 969-8561입니다.

B : 꼭 전해 드리겠습니다.

관련표현

❶ 知道了, 尊嘱给他转达。
Zhīdào le, zūnzhǔ gěi tā zhuǎndá.
알겠습니다. 말씀대로 전해 드리겠습니다.

❷ 我一定转告, 让他马上给你打电话。
Wǒ yídìng zhuǎngào, ràng tā mǎshàng gěi nǐ dǎ diànhuà.
당신께 바로 전화하도록 그에게 꼭 전하겠습니다.

❸ 他说要再打电话过来。
Tā shuō yào zài dǎ diànhuà guòlai.
그가 다시 전화 준다고 합니다.

❹ 他回来, 叫他给你打电话。
Tā huílái, jiào tā gěi nǐ dǎ diànhuà.
돌아오시면 당신께 전화하라고 전해 드리겠습니다.

연습

A : 能告诉我您的电话号码吗?
넝 까오 수 워 닌 더 띠엔 화 하오 마 마
Néng gàosu wǒ nín de diànhuà hàomǎ ma?

B : 我的电话号码是 969 — 8561。
워 더 띠엔 화 하오 마 스지우 리우 지우 빠 우 리우 야오
Wǒ de diànhuà hàomǎ shì jiǔ liù jiǔ, bā wǔ liù yāo.

A : 969 — 8561, 是安先生吧?
지우 리우 지우 빠 우 리우 야오 스 안 시엔 셩 바
jiǔ liù jiù, bā wǔ liù yāo, shì Ān xiānsheng ba?

_______________________ 。
Wǒ yídìng zhuǎngào tā.

A : 당신의 전화번호를 알려주실 수 있습니까?

B : 저의 전화번호는 969-8561입니다.

A : 969-8561, 안 선생님이시지요? 제가 꼭 전해 드리겠습니다.

알아두기 / 전화번호 숫자 읽기 (1)

➡ 중국어 전화번호 숫자는 낱개의 숫자를 하나씩 읽어나가면 됩니다. 즉, '1234-5678' 이라면 'yāo èr sān sì, wǔ liù qī bā' 로 읽는 것입니다. 1의 경우 전화번호나 방 번호를 말할 때 원래의 발음인 'yī' 와 다르게 '幺 yāo' 로 발음하는데 이것은 1이 중복되거나(yī yī) 7과 1이 연결되었을 때(qī yī) 발음에 혼동이 오는 것을 피하려는 목적에서 'yāo' 로 읽는 것입니다.

9

전할 말씀이 있습니까?

基本表現

니 요우 리우옌 마
A : 你有留言吗?
Nǐ yǒu liúyán ma?

칭 주안 까오 타 훼이이 총 쓰 디엔 카이스
B : 请转告他会议从四点开始。
Qǐng zhuǎngào tā huìyì cóng sì diǎn kāishǐ.

A : 전할 말씀이 있습니까?

B : 그에게 회의는 4시부터라고 전해 주세요.

관련표현

게이 워 다 띠엔 화 바
❶ 给我打电话吧。
Gěi wǒ dǎ diànhuà ba.
저에게 전화 주세요.

이 호우 이 딩 주안 다 게이 타
❷ 以后一定转达给他。
Yǐhòu yídìng zhuǎndá gěi tā.
나중에 그에게 전하겠습니다.

까오 수 타 워 이 지에따오 러 띠엔 화
❸ 告诉他我已接到了电话。
Gàosu tā wǒ yǐ jiē dàole diànhuà.
그에게 제가 이미 전화를 받았다고 전해 주세요.

워 다 띠엔 화 하오 마
❹ 我打电话好吗?
Wǒ dǎ diànhuà hǎo ma?
제가 전화해도 됩니까?

연습

A : _______________?
   Nǐ yǒu liúyán ma?

B : 请转告他会议从四点开始。
   Qǐng zhuǎngào tā huìyì cóng sì diǎn kāishǐ.

A : 是，知道了。
   Shì, zhīdào le.

B : 拜托你了。
   Bàituō nǐ le.

해석

A : <u>전할 말씀이 있습니까?</u>

B : 그에게 회의는 4시부터라고 전해 주세요.

A : 네, 알겠습니다.

B : 잘 부탁드립니다.

알아두기 / 전화번호 숫자 읽기 (2)

▶ 중국의 전화번호는 우리와 마찬가지로 지역번호-국번-전화번호 순으로 읽습니다. 단, 'OOO-OOOO'의 '-' 즉, 국(局)은 읽지 않고, 순서에 맞추어 그대로 읽는 것이 보통입니다. 단, 지역번호-국번-전화번호는 혼동이 없도록 각기 쉬었다가 읽어야 합니다. 예를 들어 '02-1234-5678'을 읽는다면 'líng èr, yāo èr sān sì, wǔ liù qī bā'와 같이 읽습니다.

10

몇 번에 거셨어요?

基本表现

닌 다 더 스 선 머 띠엔 화 하오 마
A : 您打的是什么电话号码?
Nín dǎ de shì shénme diànhuà hàomǎ?

부 스 지우 리우 지우 빠 우 리우 야오 마
B : 不是 969 — 8561 吗?
Búshì Jiǔ liù jiǔ, bā wǔ liù yāo ma?

A : 몇 번에 거셨어요?

B : 969-8561 아닌가요?

관련표현

뚜이 부 치 워 다 추오 러
❶ 对不起, 我打错了。
Duì bu qǐ, wǒ dǎ cuò le.
죄송합니다, 제가 전화를 잘못 걸었군요.

니 더 성 인 타이 샤오 팅 부 칭추
❷ 你的声音太小, 听不清楚。
Nǐ de shēngyīn tài xiǎo, tīng bù qīngchu.
당신의 음성이 너무 작아서 잘 들리지 않습니다.

워 먼 쩌 리 메이 요우 쩌 거 런
❸ 我们这里没有这个人。
Wǒmen zhèlǐ méi yǒu zhège rén.
여기에는 그런 사람이 없습니다.

닌 야오자오세이 팅 띠엔 화
❹ 您要找谁听电话?
Nín yào zhǎo shéi tīng diànhuà?
누구를 찾으신다구요?

연습

A : 웨이　찐　시엔 성 짜이 마
　　喂，金先生在吗?
　　Wèi, Jīn xiānsheng zài ma?

B : ＿＿＿＿＿＿＿＿＿＿＿＿＿＿?
　　Nín dǎ de shì shémme diànhuà hàomǎ?

A : 부　스 지우 리우 지우　빠 우 리우 야오 마
　　不是　969 — 8561　吗?
　　Búshì jiǔ liù jiǔ, bā wǔ liù yāo ma?

B : 부　스　　쩌 스 지우 리우 지우　빠 우 지우 얼
　　不是，这是　969 — 8592。
　　Búshì, zhè shì jiǔ liù jiǔ, bā wǔ jiǔ èr.

A : 뚜이 부 치　　워 다 추오 러
　　对不起，我打错了。
　　Duì bu qǐ, wǒ dǎ cuò le.

10
전
화

알아두기 / 중국의 전화

중국 호텔의 구내전화는 0번이나 9번을 누르면 시내전화 및 국제 전화를 사용할 수 있습니다. 사용법을 모르거나 자동식이 아니면 교환을 불러 연결을 부탁합니다. 중국의 공용전화(公用电话 gōngyòng diànhuà)는 카드식, 동전식 전화기와 주인이 돈을 받는 전화가 있는데, 특이한 것은 일반 전화기를 놓고 주인이 돈을 받는 공용전화입니다. 후자는 전화의 주인이 전화한 시간과 전화한 장소를 계산하여 요금을 받습니다.

11

수신자부담으로 부탁합니다.

基本表现

안 뛔이팡 푸콴 팡 스 지에 퉁 띠엔 화
A : 按对方付款方式接通电话。
Àn duìfāng fùkuǎn fāngshì jiē tōng diànhuà.

닌 야오 다 따오 날
B : 您要打到哪儿?
Nín yào dǎ dào nǎr?

A : 수신자부담으로 부탁드립니다.
B : 어디로 전화를 거실 건가요?

관련표현

귀 지 띠엔 화 타이 마   쟈오 한 귀 지에 시엔 위엔
❶ 国际电话台吗? 找韩国接线员。
Guójì diànhuàtái ma? Zhǎo Hánguó jiēxiànyuán.
국제전화 오퍼레이터입니까? 한국 교환원을 부탁드립니다.

칭 비에 과 돤   칭 샤오 덩
❷ 请别挂断, 请稍等。
Qǐng bié guāduàn, qǐng shāo děng.
끊지 말고 기다리십시오.

지에 퉁 러   칭 쟝 화
❸ 接通了。请讲话。
Jiētōng le. Qǐng jiǎnghuà.
연결되었습니다. 통화하십시오.

워 야오 다 따오 한 궈 뛔이팡 푸콴 더 띠엔 화
❹ 我要打到韩国对方付款的电话。
Wǒ yào dǎ dào Hánguó duìfāng fùkuǎn de diànhuà.
저는 한국으로 수신자부담 전화를 걸려고 합니다.

연습

A : 按对方付款方式接通电话。
Àn duìfāng fùkuǎn fāngshì jiē tōng diànhuà.

B : ＿＿＿＿＿＿＿＿？
Nín yào dǎ dào nǎr?

A : 韩国汉城, 号码是 02-969-8561。
Hánguó Hànchéng, hàomǎ shì líng èr, jiǔ liù jiǔ, bā wǔ liù yāo.

受话人的名字是金明德。
Shòuhuàrén de míngzi shì Jīn Míngdé.

还有, 我叫李惠民。
Háiyǒu, wǒ jiào Lǐ Huìmín.

B : 好。别挂断, 请稍等。
Hǎo, Bié guā duàn, Qǐng shāo děng.

A : 수신자부담으로 부탁 드립니다.

B : 어디로 전화를 거실 건가요?

A : 한국의 서울입니다. 전화번호는 02-969-8561입니다. 수신자 이름은 김명덕이고 저는 이혜민이라고 합니다.

B : 알겠습니다. 끊지 마시고 잠시만 기다리세요.

10
전
화

전화 걸기

1. 한국에서 중국으로

001, 002 등 국제전화 서비스 번호 - 86(중국 국가번호) - 지역번호 - 가입자 번호. 단, 지역번호의 첫째자리 0은 돌리지 않는다. 예를 들면, 한국 통신(001)을 이용하여 한국에서 북경의 주중 한국 대사관(010-6532-0290)으로 전화할 경우, 001-86-10-6532-0290 으로 하면 된다.

2. 중국에서 한국으로

(1) 콜렉트 콜 : 한국통신(10882) 또는 데이콤(108858). 한국인 안내원이 연결해 준다. 한국 통신사의 서비스를 이용하는 것으로 중국의 일반 전화보다 30% 정도 저렴하다.

(2) 일반전화 이용 : 00 - 82(한국 국가번호) - 지역번호 - 가입자 번호. 지역번호의 첫째자리 0은 돌리지 않는다. 중국에서 서울의 주한 중국 대사관(02-738-1038)으로 전화할 경우 00-82-2-738-1038 로 하면 된다.

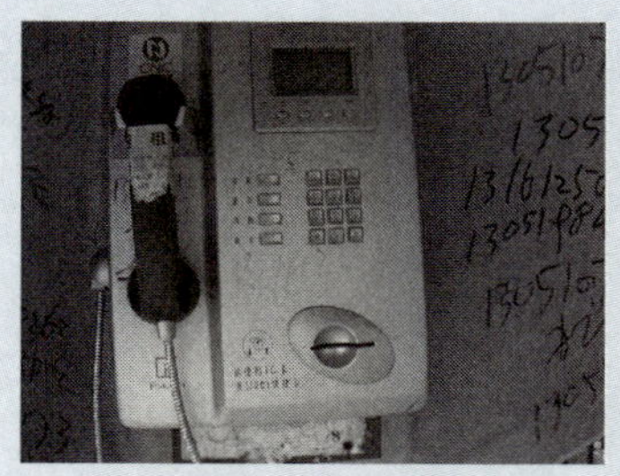

▲중국의 카드식 공중전화

제 **11** 장

교통 · 길묻기

1

북해공원은 어디에 있습니까?

베이 하이 꽁 위엔 짜이 날

A : 北海公园在哪儿?
Běihǎi Gōngyán zài nǎr?

옌저 쩌 탸오 루 이즈 조우 지우 따오 러

B : 沿着这条路一直走就到了。
Yánzhe zhè tiáo lù yìzhí zǒu jiù dào le.

A : 북해공원은 어디 있습니까?

B : 이 길을 따라서 쭉 가시면 됩니다.

관련표현

워 야오 취 베이 징

❶ 我要去北京。
Wǒ yào qù Běijīng.
베이징에 가려고 합니다.

취 창 청 쩐머 조우

❷ 去长城怎么走?
Qù Chángchéng zěnme zǒu?
(만리)장성은 어떻게 가지요?

쩡 짜이 자오 쩌거 띠즈

❸ 正在找这个地址。
Zhèngzài zhǎo zhège dìzhǐ.
지금 이 주소를 찾고 있습니다.

조우 뚜오 창 스 지엔 지우 넝 따오

❹ 走多长时间就能到?
Zǒu duōcháng shíjiān jiù néng dào?
걸어서 몇 분이면 도착합니까?

연습

A : 请问一下,
_{칭 원　이 샤}
Qǐngwèn yíxià,

______________________?
Běihǎi Gōngyuán zài nǎr?

B : 沿着这条路一直走就到了。
_{옌 저　쩌 탸오 루　이 즈　조우 지우 따오 러}
Yánzhe zhè tiáo lù yìzhí zǒu jiù dào le.

A : 谢谢您。
_{씨에 세　닌}
Xièxie nín.

B : 没事儿。
_{메이　설}
Méi shìr.

해석

A : 말씀 좀 묻겠습니다. <u>북해공원은 어디 있습니까</u>?

B : 이 길을 따라서 쭉 가시면 됩니다.

A : 고맙습니다.

B : 아닙니다.

알아두기 / ~은 어디에 있습니까?

‘○○在哪儿?’은 ‘○○이 어디에 있습니까?’라는 표현입니다. 이 표현은 어떤 사물을 찾을 때 쓰는 말인데 길을 물을 때, 특히 특정 장소를 물을 때 쓸 수 있습니다.

길을 물을 때 가장 많이 쓰는 말은 ‘去○○怎么走? (○○에 어떻게 갑니까?)’인데 ‘去＋목적지＋怎么走?’ 형식으로 되어 있어 ‘去’와 ‘怎么走?’ 사이에 가고자 하는 목적지를 넣으면 됩니다.

2

모퉁이를 오른쪽으로 돌아 세 번째 건물입니다.

基本表现

A : 请问，这附近有新华书店吗？
Qǐngwèn, zhè fùjìn yǒu Xīnhuá Shūdiàn ma?

B : 往右拐第三个建筑物就是。
Wǎng yòu guǎi dì sān ge jiànzhùwù jiùshì.

A : 말씀 좀 묻겠습니다. 이 근처에 신화서점이 있습니까?
B : 모퉁이를 오른쪽으로 돌아 세 번째 건물입니다.

관련표현

❶ 是这个方向吗？
Shì zhège fāngxiàng ma?
이쪽 방향입니까?

❷ 在死胡同里。
Zài sǐhútòng lǐ.
막다른 골목에 있습니다.

❸ 在这条路的对面。
Zài zhè tiáo lù de duìmiàn.
이 길의 맞은편입니다.

❹ 过马路吧。　　　Guò mǎlù ba.
길을 건너세요.

❺ 往左拐吗？
Wǎng zuǒ guǎi ma?
좌측으로 꺾어지는 겁니까？

연습

A : 请问，这附近有新华书店吗？
Qǐngwèn, zhè fùjìn yǒu Xīnhuá Shūdiàn ma?

B : 是新华书店？
Shì Xīnhuá Shūdiàn?

_______________________________。
Wǎng yòu guǎi dì sān ge jiànzhùwù jiùshì.

A : 知道了，谢谢。
Zhīdào le, xièxie.

B : 没关系。
Méi guānxi.

▶ 중국의 시내 도로 모습

177

3

길을 잃어버렸습니다.

基本表现

A : 迷路了，这是什么地方?
Mí lù le, zhè shì shénme dìfang?

B : 是西单市场。
Shì Xīdān Shìchǎng.

A : 길을 잃어버렸어요. 여기가 어디입니까?

B : 시단시장입니다.

관련표현

❶ 这是前门大街吗?
Zhè shì Qiánmén Dàjiē ma?
여기가 전문대로입니까?

❷ 不知道怎么走。
Bù zhīdào zěnme zǒu.
어떻게 가야할지 모르겠습니다.

❸ 能给我画一张略图吗?
Néng gěi wǒ huà yì zhāng lüètú ma?
약도를 그려 주시지 않겠습니까?

❹ 能不能在这个地图上做个标记?
Néng bù néng zài zhège dìtúshang zuò gè biāojì?
이 지도에 표시를 해 주시겠습니까?

연습

A : _______, 这是什么地方?
　　Mí lù le, zhè shì shénme dìfang?

B : 是西单市场。
　　Shì Xīdān Shìchǎng.

A : 我想回饭店去。
　　Wǒ xiǎng huí fàndiàn qù.

B : 你住在哪个饭店?
　　Nǐ zhù zài nǎge fàndiàn?

A : 我住在北京饭店。
　　Wǒ zhù zài Běijīng Fàndiàn.

해석

A : 길을 잃어버렸습니다. 여기는 어디입니까?

B : 시단시장입니다.

A : 저는 호텔로 돌아가고 싶습니다.

B : 당신은 어느 호텔에 묵고 계십니까?

A : 베이징 호텔에 묵고 있습니다.

11

교 통 · 길 묻 기

▶ **북경 전문(前门 Qiánmén)**

천안문 광장의 남단에 있는 전문은 옛 북경성의 정문인데 두 개의 큰 문루로 되어 있다. 남쪽 것이 적의 공격을 방어하기 위한 전루(箭楼)이고 위쪽 것이 정양문(正阳门)이다. 전문의 북쪽으로는 천안문 광장이 있고 남쪽으로는 상업지구인 전문대가(前门大街)가 뻗어 있다.

4

이 버스는 백화점에 갑니까?

基本表现

A : 这路公共汽车去百货商店吗?
쩌 루 꽁꽁 치처 취 바이휘 샹 디엔 마
Zhè lù gōnggòng qìchē qù bǎihuò shāngdiàn ma?

B : 去。
취
Qù.

A : 이 버스는 백화점에 갑니까?
B : 갑니다.

관련표현

❶ 公共汽车站在哪儿?
꽁꽁치처 짠짜이 날
Gōnggòng qìchē zhàn zài nǎr?
버스 정거장은 어디입니까?

❷ 有去市中心的公共汽车吗?
요우 취 스쭝씬 더 꽁꽁치처 마
Yǒu qù shìzhōngxīn de gōnggòng qìchē ma?
도심까지 가는 버스는 있습니까?

❸ 去天安门的公共汽车在哪里坐?
취 티엔안먼 더 꽁꽁치처 짜이 나리 쭈오
Qù Tiān'ānmén de gōnggòng qìchē zài nǎli zuò?
천안문 가는 버스는 어디서 탑니까?

❹ 往前再走 多远?
왕 치엔짜이조우뚜오 위엔
Wǎng qián zài zǒu duō yuǎn?
앞으로 얼마나 더 갑니까?

연습

A : _________________________?
Zhè lù gōnggòng qìchē qù bǎihuò
shāngdiàn ma?

B : 去。
Qù

A : 百货商店是第几站?
Bǎihuò shāngdiàn shì dì jǐ zhàn?

B : 是第三站。
Shì dì sān zhàn.

알아두기 / 중국의 버스 (1)

중국 북경의 시내버스는 버스(公共汽车 gōnggòng qìchē), 소형 버스(小公共汽车 xiǎo gōnggòng qìchē), 무궤도 전차(无轨电车 wúguǐ diànchē) 등 크게 3종으로 분류할 수 있습니다. 이중 公共汽车는 가장 일반적인 버스로 일반 버스와 차량이 두 칸으로 연결된 것이 있습니다. 무궤도 전차는 말 그대로 버스 모양을 한 전기로 가는 버스를 말하며, 小公共汽车는 '小巴 xiǎobā' 라고도 하는데 우리 나라의 마을 버스보다 조금 더 작은 미니 버스입니다.

5

동물원은 몇 번째 정류장입니까?

基本表现

A : 去动物园在哪一站下车?
Qù dòngwùyuán zài nǎ yī zhàn xià chē?

B : 第七站下车。
Dì qī zhàn xià chē.

A : 동물원에 가려면 어느 정거장에서 내려야 합니까?
B : 7번째 정류장에서 내리세요.

관 련 표 현

❶ 该在哪儿下车呢?
Gāi zài nǎr xià chē ne?
어디서 내리면 됩니까?

❷ 有没有做标志的东西?
Yǒu mei yǒu zuò biāozhì de dōngxi?
뭔가 표적이 될 만한 것은 없습니까?

❸ 到终点站下车吧。
Dào zhōngdiǎnzhàn xià chē ba.
종점에서 내리세요.

❹ 下一站下车吧。
Xià yí zhàn xià chē ba.
다음 정류장에서 내립니다.

연습

A : 请问,______________________?
칭 원
Qǐngwèn, qù dòngwùyuán zài nǎ yī zhàn xià chē?

B : 第七站下车。
띠 치 짠 샤 처
Dì qī zhàn xià chē.

A : 那么, 还有几站?
나 머 하이요 지 짠
Nàme, háiyǒu jǐ zhàn?

B : 还有两个站, 就是下下站。
하이요 량 거 짠 지우스 샤샤 짠
Háiyǒu liǎng gè zhàn, jiùshì xià xià zhàn.

알아두기 / 중국의 버스 (2)

➡ 중국 버스를 이르는 또 다른 말로 '巴士 bāshì' 가 있는데 이는 영어 'Bus' 를 그대로 음역한 것입니다. 보통은 일반 버스 중에도 차량이 한 칸으로 되어 있는 것들을 巴士라고 부릅니다. 버스 요금은 탑승 구간에 따라 다르며 버스 차장에게 차비를 지불하고 차표를 구입해야 합니다. 현재는 에어컨 버스 등 새로운 서비스를 갖춘 버스들이 속속 등장하고 있습니다.

6

어디에서 갈아타나요?

基本表現

A : 在哪儿换车呢?
Zài nǎr huàn chē ne?

B : 在前门换车吧。
Zài Qiánmén huàn chē ba.

A : 어디서 갈아타면 되나요?
B : 전문에서 갈아타세요.

관련표현

❶ 坐地铁可以去西单吗?
Zuò dìtiě kěyǐ qù Xīdān ma?
지하철을 타고 시단에 갈 수 있습니까?

❷ 要去颐和园, 坐公共汽车最方便。
Yào qù Yíhéyuán, zuò gōnggòng qìchē zuì fāngbiàn.
이화원에 가려면 버스가 가장 편리합니다.

❸ 地铁出口在哪儿?
Dìtiě chūkǒu zài nǎr?
지하철 출구는 어디입니까?

❹ 地铁运行到几点?
Dìtiě yùnxíng dào jǐ diǎn?
지하철은 몇 시까지 운행합니까?

❺ 坐错了路线。　　Zuò cuò le lùxiàn.
노선을 잘못 탔어요.

연습

A : 打搅您了, 想打听一下。
Dǎjiǎo nín le, xiǎng dǎtīng yíxià.

B : 什么事?
Shénme shì?

A : 去长城, _______________?
Qù Chángchéng, zài nǎr huàn chē ne?

B : 在前门换车。
Zài Qiánmén huàn chē.

해석

A : 실례합니다. 말씀 좀 묻겠습니다.

B : 무슨 일입니까?

A : 장성에 가려면 <u>어디서 차를 갈아타면 되나요?</u>

B : 전문에서 갈아타세요.

알아두기 / 중국의 지하철

→ 현재 지하철이 운행되고 있는 도시는 북경, 상해, 천진 정도입니다. 천진에는 단선 1개 노선이 있는데 이용률이 높지 않고, 상해는 상해 기차역에서 이어지는 1개 노선이 운행되고 있는데, 앞으로 7개 노선이 건설 예정이고 현재 13개 역의 역사가 개통되어 있습니다. 북경의 지하철은 시내 중심부의 도로를 따라서 만들어져 시내의 주요 지점에 역이 있습니다. 북경의 지하철은 현재 자금성을 중심으로 주변을 도는 환상선(環狀線)과 북경역에서 천안문을 지나 서쪽 교외로 이어지는 동서선(東西線) 2개의 노선이 있습니다.

7

상하이행 열차는 몇 시에 출발합니까?

基本表现

A : 去上海的火车几点发车?
Qù Shànghǎi de huǒchē jǐ diǎn fā chē?

B : 十点四十分发车。
Shí diǎn sìshí fēn fā chē.

A : 상하이행 열차는 몇 시에 출발합니까?

B : 10시 40분에 출발합니다.

관련표현

❶ 要一张去北京的车票。
Yào yì zhāng qù Běijīng de chēpiào.
베이징행 차표 한 장 주세요.

❷ 去北京, 要多少钱?
Qù Běijīng, yào duōshao qián?
베이징까지 가격은 얼마입니까?

❸ 我买卧铺, 硬卧多少钱?
Wǒ mǎi wòpù, yìngwò duōshao qián?
침대석을 사려고 합니다, 일반 침대석은 얼마입니까?

❹ 能不能给我一张时刻表?
Néng bu néng gěi wǒ yì zhāng shíkèbiǎo?
제게 열차 시각표를 주실 수 있습니까?

A : ________________?
　　 Qù Shànghǎi de huǒchē jǐ diǎn fā chē?

　　　　스 디엔　쓰 스　펀　파 처
B : 十点四十分发车。
　　 Shí diǎn sìshí fēn fā chē.

　　　워 푸 뚜오 샤오 치엔
A : 卧铺多少钱?
　　 Wòpù duōshao qián?

　　　잉 워 　 싼 바이 위엔
B : 硬卧三百元,
　　 Yìngwò sānbǎi yuán,

　　　란 워　쓰 바이 위엔
　　 软卧四百元。
　　 ruǎnwò sìbǎi yuán.

알아두기 / 중국 열차의 좌석

① **硬座**(yìngzuò)　가장 요금이 싸다. 좌석은 출발역에서만 지정되고 나머지 구간에서는 지정석이 아니다.

② **软座**(ruǎnzuò)　부드러운 시트가 깔린 좌석으로 지정석이다.

③ **硬卧**(yìngwò)　얇은 매트리스가 깔린 일반 침대석이다. 6인 1칸의 3단 침대로 꾸며져 있으며, 가장 아래 침대가 비싸며 위로 갈수록 가격이 싸다.

④ **软卧**(ruǎnwò)　부드러운 침대칸으로 4인 1실이다.

8
이거 베이징행입니까?

基本表现

A : 这是去北京的火车吗?
Zhè shì qù Běijīng de huǒchē ma?

B : 是。
Shì.

A : 이거 베이징행입니까?
B : 네.

관련표현

❶ 再走 多长时间 就到北京了?
Zài zǒu duōcháng shíjiān jiù dào Běijīng le?
얼마를 더 가야 베이징에 도착할 수 있습니까?

❷ 这里停车几分钟?
Zhèli tíng chē jǐ fēn zhōng?
여기에 얼마 정도 정차합니까?

❸ 这是空座吗?
Zhè shì kòng zuò ma?
여기는 빈 자리입니까?

❹ 这是我的座位。
Zhè shì wǒ de zuòwèi.
여기 제 자리인데요.

❺ 下一站是哪儿? Xià yí zhàn shì nǎr?
다음 역은 어디입니까?

연습

A : _________________________?
Zhè shì qù Běijīng de huǒchē ma?

B : 是。
Shì.

A : 我可以坐这里吗?
Wǒ kěyǐ zuò zhèli ma?

B : 可以。
Kěyǐ.

해석

A : <u>이거 베이징행입니까?</u>

B : 네.

A : 여기에 앉아도 됩니까?

B : 네.

▶ **북경 서역(西站 Xīzhàn)**

북경의 서쪽에 위치한 기차역.
주로 중국 대륙의 서쪽 지역 노선을 담당한다.
북경 역은 아시아에서 가장 큰 기차 역으로, 건물 면적은 약 50만 평방미터에 이른다.

9

한국어 신문 있습니까?

基本表現

요우 한원 빠오즈 마
A : 有韩文报纸吗?
Yǒu Hánwén bàozhǐ ma?

요우 하이 쉬 야오 비에더 마
B : 有, 还需要别的吗?
Yǒu, hái xūyào bié de ma?

A : 한국어 신문 있습니까?

B : 있습니다. 더 필요한 것이 있으신가요?

관련표현

빠 타이 짜이 날
❶ **吧台在哪儿?**
Bātái zài nǎr?
카운터는 어디입니까?(비행기 발권할 때)

짜이조우 뚜오 창 스 지엔 지우따오 샹 하이 지 창 러
❷ **再走多长时间就到上海机场了?**
Zài zǒu duōcháng shíjiān jiù dào Shànghǎi Jīchǎng le?
앞으로 얼마를 더 가야 상하이 공항에 도착합니까?

하오 샹 요우 디얼 윈 지
❸ **好象有点儿晕机。**
Hǎoxiàng yǒu diǎnr yūnjī.
비행기멀미 같아요.

시엔 궈 취 이 샤 바
❹ **先过去一下吧。**
Xiān guò qù yíxià ba.
먼저 좀 지나가겠습니다.

종 꽁 량 지엔 빠오 궈
❺ **总共两件包裹。** Zǒng gòng liǎng jiàn bāoguǒ.
짐은 전부 두 개입니다.

연습

A : 打搅您一下, ＿＿＿＿＿＿＿＿?
Dǎjiǎo nín yíxià, yǒu Hánwén bàozhǐ ma?

B : 有, 马上给您拿来,
Yǒu, mǎshàng gěi nín nálái,

还需要别的吗?
hái xūyào bié de ma?

A : 我想买免税商品。
Wǒ xiǎng mǎi miǎnshuì shāngpǐn.

B : 好! 知道了。
Hǎo! Zhīdào le.

해석

A : 실례합니다, 한국어 신문 있습니까?

B : 있습니다. 곧 가져다 드리겠습니다. 더 필요한 것이 있으신가요?

A : 저는 면세품을 사고 싶습니다.

B : 네, 알겠습니다.

▶ 중국 공항의 출국장

10

베이징역까지 가 주세요.

基本表现

A : 去北京站。
Qù Běijīngzhàn.

B : 好，知道了。
Hǎo, zhīdào le.

A : 베이징역까지 가 주세요.
B : 네, 알겠습니다.

관련표현

❶ 出租汽车站在哪儿?
Chūzū qìchēzhàn zài nǎr?
택시 승차장은 어디입니까?

❷ 这是我的东西。
Zhè shì wǒ de dōngxi.
이것이 제 짐입니다.

❸ 从这儿到上海站几公里?
Cóng zhèr dào Shànghǎizhàn jǐ gōnglǐ?
여기에서 상하이역까지 몇 킬로미터인가요?

❹ 能不能在这里等一会儿?
Néng bu néng zài zhèli děng yíhuìr?
여기서 기다려 주시지 않겠습니까?

❺ 到那儿停车吧。 Dào nàr tíng chē ba.
저기서 세워 주세요.

니 취 션머 띠팡
A : 你去什么地方?
Nǐ qù shénme dìfang?

B : ___________。
Qù Běijīngzhàn.

하오 쯔 따오 러
A : 好, 知道了。
Hǎo, Zhīdào le.

해석

A : 어디로 가십니까?

B : <u>베이징역에 가 주세요.</u>

A : 네, 알겠습니다.

알아두기 / 중국의 택시

➡ 관광객들이 이용하기에 가장 편리한 교통수단이 바로 택시입니다. 택시를 북경 등의 북쪽지방에서는 지붕에 '出租' 로, 광동 등의 남쪽지방에서는 '的士' 라고 표기합니다.

중국의 기차

　중국 대륙은 서남지방의 티베트와 서북지방의 국경지대, 남쪽의 여러 섬들을 제외하고는 철도망이 미치지 않는 곳이 없다. 특히 인구밀도가 높은 북경, 상해와 동쪽 지방으로는 철도 노선이 거미줄처럼 얽혀 있다.

　중국 열차는 종류가 매우 다양한데 특쾌(特快), 직쾌(直快), 쾌차(快车), 시교(市郊), 보객(普客), 유(游) 등으로 나눌 수 있다. 이 중에서 특쾌와 직쾌는 장거리를 운행하는 것이고, 쾌차와 보객은 중·단거리를 운행하는 열차이다. 시교는 중심시의 교외지역을 오가는 것으로 운행 시간은 2시간 안팎이다. 유는 관광 목적의 열차로 노선은 그리 많지 않다. 여행자들은 주로 특쾌를 이용한다.

특쾌(特快 tèkuài) : 알파벳 K로 표시되는, 번호가 1~99번 대의 차(次)로 국제열차와 관광열차 모두 이에 속한다. 열차 중에서 가장 빠르며 시설도 가장 좋다. 주요 도시에만 정차한다.

직쾌(直快 zhíkuài), 쾌차(快车 kuàichē) : 직쾌와 쾌차는 한 철도국을 넘어서느냐 넘어서지 않느냐에 따라서 직쾌와 쾌차로 나뉜다. 즉, 한 철도국 내를 운행하는 것은 쾌차(차량 번호 200~300번 대), 두 철도국 이상을 운행하는 것은 직쾌(차량 번호 100~199번)이다. 쾌차는 낮시간에 짧은 거리를 달려서 주로 좌석이 많고, 직쾌는 비교적 장거리를 운행해서 식당차와 침대차로 되어 있다.

보객(普客 pǔkè) : 모든 역마다 서는 열차로 우리 나라의 비둘기호와 비슷하다. 요금은 다른 것보다 싸며, 401~498번의 열차이다.

제 **12** 장

부탁 · 요청

1

잠깐 기다리세요.

基本表現

A : 等一会儿。
Děng yíhuìr.

B : 我在这儿等着。
Wǒ zài zhèr děngzhe.

A : 잠깐 기다리세요.
B : 여기서 기다리고 있겠습니다.

관련표현

❶ 正在等着呢。
Zhèngzài děngzhe ne.
지금 기다리고 있습니다.

❷ 等一等。
Děng yī děng.
잠깐 기다려.

❸ 请你在这里稍等一下。
Qǐng nǐ zài zhèli shāo děng yíxià.
여기에서 잠시 기다려 주세요.

연습

A : ______________吧_바。
　　Qǐng děng yíhuìr ba.

B : 为什么？
　　　웨이 션 머
　　Wèi shénme?

A : 我忘带钥匙了。
　　　워 왕 따이 야오스 러
　　Wǒ wàng dài yàoshi le.

B : 那么，我在这儿等着。
　　　나 머　　　워 짜이 쩔　덩 저
　　Nàme, wǒ zài zhèr děngzhe.

해석

A : *잠깐만 기다리세요.*

B : 왜 그러세요?

A : 열쇠 가져오는 것을
　　잊었어요.

B : 그럼 여기서 기다리
　　고 있겠습니다.

▶ **13릉(十三陵 Shísān Líng)**

북경에서 서북쪽으로 약 50km
지점에 위치한 13릉은 명나라 영
락제 이후의 황제 13인이 안장된
무덤이다. 1409년부터 1644년까
지 230여 년에 걸쳐 건조되었으며
현재 13릉 가운데 일반에 공개된
곳은 장릉과 정릉 두 곳이다.

2

천천히 가도 됩니까?

基本表現

A : 可以慢点儿走吗?
Kěyǐ màn diǎnr zǒu ma?

B : 不可以, 必须停车。
Bù kěyǐ, bìxū tíng chē.

A : 천천히 가도 됩니까?
B : 안 됩니다. 반드시 정차해야 합니다.

관련표현

❶ 可以抽烟吗?
Kěyǐ chōu yān ma?
담배를 피워도 됩니까?

❷ 分散注意力可不行。
Fēnsàn zhùyìlì kě bù xíng.
한눈을 팔아서는 안 됩니다.

❸ 别东张西望!
Bié dōng zhāng xī wàng!
한눈팔지 마세요!

❹ 不行。
Bù xíng.
안 됩니다.

A : 这是什么信号?
Zhè shì shénme xìnhào?

B : 停车的信号。
Tíng chē de xìnhào

A : _______________________?
Kěyǐ màn diǎnr zǒu ma?

B : 不行, 必须停车。
Bù xíng, bìxū tíng chē.

해석

A : 이것은 무슨 신호입니까?

B : 멈추라는 신호입니다.

A : 천천히 가도 됩니까?

B : 안 됩니다, 반드시 정차해야 합니다.

12
부탁 · 요청

▶ 계림(桂林 Guìlín)

광서 장족자치구 동북부에 위치한 도시이다. 계수나무 꽃이 흐드러지게 피는 곳이라고 해서 계림이란 이름이 붙었다고 한다.

'계림의 산수는 천하제일이다. (桂林山水甲天下。)'라는 말이 있을 정도로 산수화에 나올 것 같은 경치가 아름답다.

3

이 책을 빌려도 될까요?

基本表现

커 이 지에 쩌 번 슈 마
A : 可以借这本书吗?
Kěyǐ jiè zhè běn shū ma?

커 이
B : 可以。
Kěyǐ.

A : 이 책을 빌려도 됩니까?

B : 됩니다(빌리세요).

관련표현

칭 바 나 번 츠 디엔 지에게이 워
❶ 请把那本词典借给我。
Qǐng bǎ nà běn cídiǎn jiè gěi wǒ.
그 사전 좀 빌려 주세요.

진 량 콰이디엔쭈오 바
❷ 尽量快点做吧。
Jìnliàng kuài diǎn zuò ba.
가능한 한 빨리 부탁합니다.

게이 워 칸 칸 바
❸ 给我看看吧。
Gěi wǒ kànkan ba.
제게 보여 주세요.

까오 수 워
❹ 告诉我。
Gàosu wǒ.
알려 주세요.

연습

A : 打搅您了。
다 쟈오 닌 러
Dǎjiǎo nín le.

B : 有什么事。
요우 선머 스
Yǒu shénme shì.

A : _________________?
Kěyǐ jiè zhè běn shū ma?

B : 可以。
커 이
Kěyǐ.

해석

A : 저, 실례합니다.

B : 무슨 일이시지요?

A : _이 책을 빌려도 됩니까?_

B : 됩니다(빌리세요).

알아두기 / 도서관 관련 용어

→ **图书馆** túshūguǎn 도서관   **阅览室** yuèlǎnshì 열람실

书库 shūkù 서고   **借书处** jièshūchù 도서대출처

借书单 jièshūdān 도서대출카드   **借书证** jièshūzhèng 도서대출증

还书日期 huánshū rìqī 반납일자   **词典** cídiǎn 사전

杂志 zázhì 잡지   **全集** quánjí 전집

目录卡片 mùlùkǎpiàn 목록카드   **存包柜** cúnbāoguì 사물함

4

빨리 출발하는 편이 낫겠지요?

基本表現

A : 还是早点出发好吧?
Háishì zǎodiǎn chūfā hǎo ba?

B : 是。越早越好。
Shì. Yuè zǎo yuè hǎo.

A : 빨리 출발하는 편이 낫겠지요?
B : 네. 이르면 이를수록 좋습니다.

관련표현

❶ 还是先准备好吧?
Háishì xiān zhǔnbèi hǎo ba?
미리 준비해 두는 편이 좋겠지요?

❷ 可以出发吗?
Kěyǐ chūfā ma?
출발해도 될까요?

❸ 时间很紧。
Shíjiān hěn jǐn.
시간이 매우 빡빡합니다.

❹ 就那么办吧。
Jiù nàme bàn ba.
그대로 합시다.

연습

A : 在韩国交通堵塞也很严重吧？
Zài Hánguó jiāotōng dúsāi yě hěn yǎnzhòng ba.

B : 是啊。
Shì a.

A : 那么, ＿＿＿＿＿＿＿＿＿＿＿＿。
Nàme, háishì zǎodiǎnr chūfā hǎo ba.

B : 是。越早越好。
Shì. Yuè zǎo yuè hǎo.

A : 한국의 교통 체증도 대단하지요?

B : 그렇습니다.

A : 그럼, 좀 빨리 출발하는 편이 낫겠네요.

B : 네. 이르면 이를수록 좋습니다.

알아두기 / ~할수록 …하다

➡ '越来越 yuè lái yuè'는 '점점 ~하다', '~할수록 …하다'의 의미로 시간에 따라서 정도가 증가함을 나타냅니다. '越'를 사용한 또 다른 표현으로는 '越~越…'가 있는데 이는 '~하면 할수록 …하다'의 의미입니다.

越来越好。 yuè lái yuè hǎo. 점점 좋아지다.
越快越好。 yuè kuài yuè hǎo. 빠르면 빠를수록 좋다.

5

다시 한 번 말해 주세요.

基本表现

짜이 슈오 이 비엔
A : 再说一遍。
Zài shuō yí biàn.

워 쟈오 안 산 롱
B : 我叫安善荣。
Wǒ jiào Ān Shànróng.

A : 다시 한 번 말해 주세요.
B : 안선영입니다.

관련표현

팅 부 칭추
❶ 听不清楚。
Tīng bu qīngchu.
잘 들리지 않습니다.

따 성 디얼
❷ 大声点儿。
Dà shēng diǎnr.
좀더 큰 소리로 말해 주세요.

짜이 이 츠
❸ 再说一次。
Zài shuō yí cì.
다시 한 번 말해 주세요.

찐 호우 니 이 딩 야오 쭈이
❹ 今后你一定要注意。
Jīnhòu nǐ yídìng yào zhùyì.
앞으로 주의하세요.

연습

A : 您叫什么名字?
Nín jiào shénme míngzi?

B : 我叫安善荣。
Wǒ jiào Ān Shànróng.

A : 麻烦您,请您＿＿＿＿＿＿。
Máfan nín, qǐng nín zài shuō yí biàn.

B : 我叫安善荣。
Wǒ jiào Ān Shànróng.

해석

A : 성함이 어떻게 되시지요?

B : 저는 안선영입니다.

A : 죄송합니다, <u>다시 한 번 말씀해 주세요</u>.

B : 안선영이라고 합니다.

알아두기

> 상대방의 말이 너무 빨라서 조금 천천히 말해 달라고 할 때는 '您说得太快, 请你讲慢一点儿。 Nǐ shuō de tài kuài, qǐng nǐ jiǎng màn yìdiǎnr.' 라고 하면 됩니다. 만일 조금 더 빨리 말해 달라고 한다면 '请你讲快一点儿。Qǐng nǐ jiǎng kuài yìdiǎnr.' 라고 합니다.

6

사진을 찍어 주시겠습니까?

基本表现

넝 게이 워 쟈오 쨩 샹 마
A : 能给我照张像吗?
Néng gěi wǒ zhào zhāng xiàng ma?

커 이 니 더 쟈오샹지 쩐머 용
B : 可以, 你的照相机怎么用?
Kěyǐ, nǐ de zhàoxiàngjī zěnme yòng?

A : 사진을 찍어 주시겠습니까?
B : 좋습니다. 당신 카메라는 어떻게 씁니까?

관련표현

커 이 셔샹 마
❶ 可以摄像吗?
Kěyǐ shèxiàng ma?
비디오 촬영을 해도 되나요?

이 치 허 잉 커 이 마
❷ 一起合影可以吗?
Yìqǐ héyǐng kěyǐ ma?
같이 사진 찍지 않으실래요?

하오 샤오 이 샤오
❸ 好, 笑一笑。
Hǎo, xiào yi xiào.
좋아요, 웃으세요.

칭 빵 워 쭈앙 샹쟈오 쥐엔바
❹ 请帮我装上胶卷吧。
Qǐng bāng wǒ zhuāng shang jiāojuǎn ba.
필름을 끼워 주세요.

A : 打扰您了。
Dǎrǎo nín le.

B : 有什么事?
Yǒu shénme shì?

A : _______________________?
Néng gěi wǒ zhào zhāng xiàng ma?

B : 可以，你的照相机怎么用?
Kěyǐ, nǐ de zhàoxiàngjī zěnme yòng?

A : 摁这里就行。
Èn zhèli jiù xíng.

해석

A : 저, 실례합니다.

B : 무슨 일이세요?

A : *사진을 찍어 주시겠습니까?*

B : 좋습니다. 당신 카메라는 어떻게 사용합니까?

A : 여기를 누르면 됩니다.

알아두기 / 카메라 관련 용어

镜头 jìngtóu 렌즈　　　　快门 kuàimén 셔터
卷片匣 juǎnpiànxiá 필름 감개　　目镜窗 mùjìngchuāng 접안창
胶卷儿 jiāojuǎnr 필름　　　　电池 diànchí 전지
镁光灯 měiguāngdēng 플래시
拍立得(快照照相机) pāilìdé(kuàizhào zhàoxiàngjī) 폴라로이드(즉석카메라)

중국의 의복

　중국의 의상 중에서 한국인이 가장 잘 알고 있는 것이 중산장(中山裝 zhōngshānzhuāng)과 치파오(旗袍 qípáo)이다.

　중산장은 손중산(孙中山 Sūn Zhōngshān) 선생이 생활에 편리하도록 고안한 옷으로 중국인이 가장 애용한 복장이다. 1930～60년대 스탈린, 카스트로 등 사회주의 국가의 지도자들도 즐겨 입었다. 현재는 대다수의 사람들이 기성복을 입고 있지만 노동자·농민들 중에는 아직도 중산복을 애용하는 사람이 많다.

　치파오는 생김새가 원피스와 비슷하지만 아랫단에서 허벅지까지 양쪽에 트임이 있는 것이 원피스와 구별되는 점이다. 치파오는 길고 좁은 소매, 우리가 흔히 차이나 칼라라고 말하는 반령(盘领 : 세운 깃), 앞 중앙, 혹은 겨드랑이부터 깊숙이 포개어 여미는 트임, 특수한 끈 단추 등이 특징이다.

　치파오의 기원은 청대(清代) 만주족(满族)으로 거슬러올라간다. 청조는 한족(汉族)들의 지배를 강화하기 위해 두발이나 의복을 엄중히 만주식으로 단속했기 때문에 근대 200여 년 간은 전적으로 치파오를 입었다. 그런데 아이러니하게도 한족들에 의해 치파오가 대중화되었을 뿐 아니라 중국의 전통의상으로 자리매김하게 되었다. 현대에 와서는 편리한 서양 의복의 도입으로 착용 범위가 많이 축소되었으나 각종 서비스 분야에 종사하는 사람들을 위주로 다시 치파오를 많이 입고 있으며 취미로 화려한 치파오를 입는 젊은 여성들도 조금씩 늘어나고 있다.

제 13 장

여러가지 표현

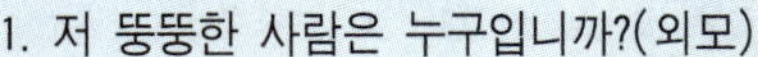

1

저 뚱뚱한 사람은 누구입니까?

基本表现

나 웨이 팡즈 스 세이
A : 那位胖子是谁?
Nà wèi pàngzi shì shéi?

스 리우 팡
B : 是刘芳。
Shì Liú Fāng.

A : 저 뚱뚱한 사람은 누구입니까?
B : 류팡입니다.

관련표현

리 샤오 제 헌 쇼우
❶ 李小姐很瘦。
Lǐ xiǎojiě hěn shòu.
이 양은 말랐습니다.

퍄오 시엔 성 꺼 즈 까오 아이
❷ 朴先生个子高[矮]。
Piáo xiānsheng gèzi gāo[ǎi].
박 선생은 키가 큽[작습]니다.

션 까오 이 미 리우 스 꽁 펀
❸ 身高一米六十公分。
Shēngāo yì mǐ liùshí gōngfēn.
신장은 1미터 60센티입니다.

티 쫑 우 스 꽁 찐
❹ 体重五十公斤。
Tǐzhòng wǔshí gōngjīn.
체중은 50킬로입니다.

연습

A : _________________ ?
Nà wèi pàngzi shì shéi?

B : 是刘芳。
스 리우 팡
Shì Liú Fāng.

A : 那位戴眼镜的人是谁?
나 웨이 따이 옌 징 더 런 스 셰이
Nà wèi dài yǎnjìng de rén shì shéi?

B : 是刘芳的哥哥。
스 리우 팡 더 꺼거
Shì Liú Fāng de gēge.

A : <u>저 뚱뚱한 사람은 누구입니까?</u>

B : 류팡입니다.

A : 저 안경 쓴 사람은 누구입니까?

B : 류팡의 오빠입니다.

알아두기 / '잘생겼다', '못생겼다'

➡ 어떤 사람이 잘생겼다거나 못생겼다고 말할 때는 동사 '看 kàn'을 사용합니다. '잘생겼다, 보기 좋다'라고 할 때는 '好看 hǎokàn'이라고 말하고 '못생겼다, 보기에 안 좋다'고 할 때는 '难看 nánkàn'이라고 말합니다. 이 표현은 남녀, 사물에 상관없이 쓸 수 있습니다. 남자에게 잘생겼다고 말할 때는 '帅 shuài'나 '英俊 yīngjùn'을 쓰고, 여자에게 예쁘다고 말할 때는 '漂亮 piàoliang'이라고 말합니다. '难看'과 같은 말로는 '丑 chǒu'가 있습니다.

李小姐真漂亮。 Lǐ xiǎojiě zhēn piàoliang. 이 양은 정말 예쁘다.
他真难看。 Tā zhēn nánkàn. 그는 정말 못생겼다.

13

여러가지 표현

2

배고프지요?

基本表现

A : 肚子饿了吧?
Dùzi è le ba?

B : 是啊, 很饿。
Shì a, hěn è.

A : 배고프지요?
B : 네, 매우 배고픕니다.

관련표현

❶ 口渴。
Kǒu kě.
목이 마르다.

❷ 饿死人了。/ 饿得要命。
È sǐ rén le. / È de yàomìng.
배가 고파 죽겠다.

❸ 想去卫生间。
Xiǎng qù wèishēngjiān.
화장실에 가고 싶습니다.

❹ 很困。
Hěn kùn.
되게 피곤해.

연습

A : ___________?
Dùzi è le ba?

B : 是啊, 很饿。
Shì a, hěn è.

A : 到附近冷面馆去吃冷面吧。
Dào fùjìn lěngmiànguǎn qù chī lěngmiàn
ba.

B : 好, 走吧。
Hǎo, zǒu ba.

 알아두기 / '~해 죽겠다'

'~해 죽겠다' 라는 말은 강렬한 어떤 상태를 표현할 때 쓰는 말입
니다. 중국어에도 같은 표현이 있는데 '~死了 sǐ le'라고 말합니
다. 이 말의 용법은 우리말 '~해 죽겠다' 와 거의 동일합니다.

饿死我了!　　Èsǐ wǒ le.　　배고파 죽겠다!
气死我了!　　Qìsǐ wǒ le.　　화나 죽겠다!
吓死我了!　　Xiàsǐ wǒ le.　　놀라 죽겠다!
笑死我了!　　Xiàosǐ wǒ le.　　웃겨 죽겠다!

3

건강해져서 다행이네요.

基本表现

A : 身体不好住了一个星期的院。
Shēntǐ bù hǎo zhùle yí ge xīngqī de yuàn.

B : 幸亏恢复了健康。
Xìngkuī huīfùle jiànkāng.

A : 몸이 안 좋아서 일주일 간 입원했습니다.
B : 건강해져서 다행이군요.

관련표현

❶ 可以放心。
Kěyǐ fàng xīn.
한숨 놓았습니다.

❷ 身体怎么样?
Shēntǐ zěnmeyàng?
몸은 어떠세요?

❸ 稍微 好转了。/ 好多了。
Xiāowèi hǎozhuǎn le. / Hǎo duō le.
조금 나아졌습니다./많이 나아졌습니다.

❹ 请多保重。
Qǐng duō bǎozhòng.
몸조심하세요.

연습

A : 你的气色不太好啊。
Nǐ de qìsè bú tài hǎo a.

B : 因病住了一个星期的院。
Yīn bìng zhùle yí ge xīngqī de yuàn.

A : 是吗? 现在怎么样?
Shì ma? xiànzài zěnmeyàng?

B : 现在好些了。
Xiànzài hǎoxiē le.

A : ＿＿＿＿＿＿＿＿＿＿＿＿＿＿。
Xìngkuī huīfùle jiànkāng.

해석

A : 당신의 안색이 안 좋군요.

B : 병이 나서 일주일 간 입원해 있었어요.

A : 그래요? 지금은 어떠세요?

B : 지금은 좋아졌어요.

A : _건강해져서 다행이군요._

▶ **산해관**(山海关 Shānhǎiguān)

장성이 시작되는 동쪽 끝에 위치한 관문이다. 발해만과 맞닿은 이곳은 군사·교통의 관문이자 요지여서 예로부터 자주 싸움터가 되어 왔다. 산해관이란 지명은 산과 바다 사이에 있는 관(关)이라는 뜻이다. 동문 성루에 '천하제일관(天下第一关)'이라 씌어진 현판이 걸려 있다.

4

힘내세요.

基本表現

A : 要是不快点，恐怕不能按时完成。
Yàoshì bú kuài diǎn, kǒngpà bù néng ānshí wánchéng.

B : 加油吧!
Jiā yóu ba!

A : 서두르지 않으면 시간에 완성할 수 없을 것입니다.
B : 힘내세요!.

관련표현

❶ 加油!
Jiā yóu!
힘내(열심히 해)!

❷ 鼓起勇气吧!
Gǔ qǐ yóngqì ba!
용기를 내.

❸ 别失望。
Bié shīwàng.
실망하지 마.

❹ 竭尽全力吧。
Jiéjìn quánlì ba.
힘껏 해 보자.

13

여러가지 표현

연습

A : 截止到什么时候?
지에 즈 따오 선머 스 호우
Jiézhǐ dào shénme shíhou?

B : 截止到二十号。
지에 즈 따오 얼 스 하오
Jiézhǐ dào èrshí hào.

A : 只剩两天了。
즈 청 량 티엔 러
Zhǐ shèng liǎng tiān le.

B : 要是不快点，恐怕不能按时完成。
야오 스 뿌 콰이 디엔　콩 파 뿌 넝 안 스 완 청
Yàoshi bú kuài diǎn, kǒngpà bù néng
ānshí wánchéng.

A : 那么, _______!
나 머
Nàme, jiā yóu ba!

해석

A : 마감은 언제입니까?

B : 20일까지입니다.

A : 이틀밖에 안 남았네요.

B : 서두르지 않으면 시간에 완성할 수 없을 것입니다.

A : 그럼, 힘내세요!

 알아두기 / 파이팅!

→ '加油'는 직역하면 '기름을 넣다'입니다. 기계에 기름을 넣거나 불에 기름을 부으면 기계는 더 힘을 내게 되고 불은 더 힘차게 타오를 것입니다. 이런 의미 때문에 '加油'는 상대를 격려하고 독려하는 말로 널리 쓰이고 있으며, 운동경기에서 응원구호로도 쓰이고 있습니다. 돌려 생각하면 '기름을 부은듯이 타오르라!' 는 의미이니 참으로 강렬한 응원구호입니다. 참고로 중국의 주유소는 '加油站' 이라고 합니다.

5

대단하네요.

基本表现

A : 这都是我做的。
Zhè dōu shì wǒ zuò de.

B : 真了不起，肯定很好吃。
Zhēn liǎobuqǐ, kěndìng hěn hǎochī.

A : 이것은 모두 제가 만든 것입니다.
B : 정말 대단하군요. 분명히 맛있을 거예요.

관련표현

❶ 真棒。
Zhēn bàng.
훌륭하네요.

❷ 果然。/ 难怪。
Guǒrán. / nánguài
과연. / 어쩐지.

❸ 还是那样。
Háishì nàyàng.
역시 그렇군요.

❹ 我很满意。
Wǒ hěn mǎnyì.
나는 매우 만족합니다.

연습

A : 这都是李小姐做的吗?
　　쩌 또우 스 리 샤오제 쭈오 더 마
　　Zhè dōu shì Lǐ xiǎojiě zuò de ma?

B : 是。这都是我做的。
　　스 쩌 또우 스 워 쭈오 더
　　Shì. Zhè dōu shì wǒ zuò de.

A : ＿＿＿＿＿＿＿，肯定很好吃。
　　컨 딩 헌 하오 츠
　　Zhēn liǎo bu qǐ, kěndìng hěn hǎochī.

B : 合口味吗?
　　허 코우 웨이 마
　　Hé kǒuwèi ma?

A : 真的很好吃。
　　쩐 더 헌 하오 츠
　　Zhēnde hěn hǎochī.

알아두기 / 대단하다

➡ '了不起, 真棒' 외에 '대단하다' 는 말로 '厉害 lìhai' 가 있습니다. '厉害' 를 '대단하다' 는 의미로 쓸 때는 대단함이 아주 강렬한 경우에 주로 쓰는데 이 말이 '사납다, 무섭다' 의 의미도 가지고 있기 때문입니다.

他踢足球踢得厉害!　Tā tī zúqiú tī de hěn lìhai!
그는 축구를 정말 잘 한다.

6

이런, 아뿔싸!

基本表现

아　　자오 까오
A : 啊, 糟糕!
Ā, zāogāo!

쩐 머 러
B : 怎么了?
Zěnme le?

A : 아, 큰일났다!
B : 왜 그러는데요?

관 련 표 현

쩐 다오 메이
❶ 真倒霉。
Zhēn dǎoméi.
정말 난감하다 / 정말 재수 없다.

쩐 타오 옌
❷ 真讨厌。
Zhēn táoyàn.
정말 싫어요.

슈 러　　슈 러
❸ 输了, 输了。
Shū le, shū le.
졌다 졌어.(질린다는 뜻)

메이 이 쓰
❹ 没意思。
Méi yìsi.
재미 없어.

비에 성 치
❺ 别生气。　Bié shēngqì.
화내지 마세요.

연습

A : 啊, ______ !
^아
Ā, zāogāo!

B : 怎么了?
^{쩐 머 러}
Zěnme le?

A : 考试十点钟开始，眼镜忘带了。
^{카오 스 스 디엔 쫑 카이 스　옌 징 왕 따이 러}
Kǎoshì shí diǎn zhōng kāishǐ, yǎnjìng wàng dài le.

B : 真倒霉。
^{쩐 따오 메이}
Zhēn dǎoméi.

해석

A : *아, 큰일났다!*

B : *왜 그러는데요?*

A : *10시부터 시험인데, 안경을 잊고 안 가지고 왔어요.*

B : *그거 참 난감하군요.*

▶ **가욕관**(嘉峪关 Jiāyùguān)

　가욕관은 장성의 서쪽 끝 관문으로 가욕관시 서남쪽에 위치하였다. 1372년에 건축되었으며 예로부터 군사적 요충지의 역할을 하였다. 서문 밖 500m 지점의 비석에 '천하웅관(天下雄关)'의 네 글자가 새겨져 있다.

만리장성(万里长城)

만리장성은 모택동(毛泽东)이 "장성에 올라 보지 않으면 대장부가 아니다.(不到长城非好汉。)"라고 말했던, 중국인에게 가장 사랑받는 중국의 상징이다. 북경의 북쪽으로 약 70km 지점에 있으며 본래 명칭은 '장성(长城)'이다. 동부 발해 기슭의 '천하제일관(天下第一关)' 산해관(山海关)에서 시작하여 사막이 시작되는 서쪽의 '천하웅관(天下雄关)' 가욕관(嘉峪关)까지 험산 준령을 타고 1만 2,700여 리(약 6,350km)에 걸쳐 있어 '만리장성'이라는 애칭을 갖게 되었다.

장성은 춘추전국시대인 기원 전 5세기 무렵부터 북방의 흉노족의 침입에 대비하여 만들었고, 진(秦)의 시황제(始皇帝)가 이를 연결하여 최초로 장성을 완성했다. 그뒤로는 그리 중시받지 못해서 진대(秦) 이후 각 나라들이 필요에 따라 조금씩 건축과 수리를 했을 뿐이고 명대(明代)에 이르러서야 몽고의 재침입을 막기 위해 장성을 본격적으로 확장·강화했다. 명대 이전의 장성은 주로 흙을 굳혀 만들어서 성이라기보다는 흙벽에 가까우며 우리가 알고 있는 돌로 만든 성은 명대에 만든 것이 대부분이다.

북경에서 갈 수 있는 장성 유적지는 팔달령(八达岭), 모전욕(慕田峪), 금산령(金山岭) 장성이 있는데 이중 팔달령이 가장 유명하며 가기도 쉽다.

과장하기 좋아하는 중국 사람들은 장성이 우주 비행사가 육안으로 볼 수 있는 유일한 지구 건축물이라고 말하기도 한다.

제 **14** 장

쇼 핑

1

얼마입니까?

基本表現

뚜오 샤오 치엔
A : 多少钱?
Duōshao qián?

우 스　콰이 치엔
B : 五十块钱。
Wǔshí kuài qián.

A : 얼마입니까?
B : 5십 원입니다.

관련표현

닌 자오 션 머
❶ 您找什么?
Nín zhǎo shénme?
무엇을 찾으십니까?

뚜오 샤오치엔 이 거
❷ 多少钱一个?
Duōshao qián yí ge ?
하나에 얼마입니까?

이 꿍 뚜오 샤오치엔
❸ 一共多少钱?
Yígòng duōshao qián?
모두 해서 얼마입니까?

넝 용 씬용카 마
❹ 能用信用卡吗?
Néng yòng xìnyòngkǎ ma?
신용 카드 쓸 수 있습니까?

14
쇼
핑

연습

A : 要买纪念品。
야오 마이 　찌 니엔 핀
Yào mǎi jìniànpǐn.

B : 这个怎么样?
쩌 거 　　쩐 머 양
Zhè ge zěnmeyàng?

A : 看起来贵一点, __________?
칸 치 라이 꿰이 이 디엔
Kàn qǐ lái guì yìdiǎn, duōshao qián?

B : 五十块钱。
우 스 　콰이 치엔
Wǔshí kuài qián.

알아두기 / 중국인에게 선물하기 (1)

➡ 중국인은 짝수를 좋아하며 그 가운데서도 특히 ‘8’이라는 숫자를 선호합니다. 이는 ‘8’의 발음이 돈을 많이 번다는 의미인 ‘发财 fācái’의 ‘发’자와 유사하기 때문입니다.

2

다른 색은 없나요?

基本表现

메이 요우 비에 더 옌써 마
A : 没有别的颜色吗?
Méiyǒu bié de yánsè ma?

요우　쩌 리 요우 헤이 더 허 홍 더
B : 有，这里有黑的和红的。
Yǒu, zhèli yǒu hēi de hé hóng de.

A : 다른 색은 없습니까?

B : 있습니다, 여기 검은 것과 빨간 것이 있습니다.

관련표현

하이 요우 비에 더 마
❶ 还有别的吗?
Hái yǒu bié de ma?
다른 것이 있습니까?

게이 워 칸 칸 비에 더
❷ 给我看看别的。
Gěi wǒ kànkan bié de.
다른 것을 보여 주세요.

요우 메이 요우비 쩌 거 샤오 이 하오 더
❸ 有没有比这个小一号的?
Yǒu mei yǒu bǐ zhè ge xiǎo yì hào de?
이것보다 한 치수 작은 것 있습니까?

게이 워 칸 칸 샤 비엔 더
❹ 给我看看下边的。
Gěi wǒ kànkan xiàbiān de.
아래 것을 보여 주세요.

14
쇼
핑

연습

A : ＿＿＿＿＿＿＿＿＿＿＿＿?
Méiyǒu bié de yánsè ma?

요우　쩌 리 요우 헤이 더 허　홍 더
B : 有, 这里有黑的和红的。
Yǒu, zhèli yǒu hēi de hé hóng de.

응　게이 워 이 거　홍 더 바
A : 嗯, 给我一个红的吧。
Ǹg, gěi wǒ yí ge hóng de ba.

씨에 세
B : 谢谢。
Xièxie.

알아두기 / 색깔

红色 hóngsè 빨간색   黄色 huángsè 노란색
绿色 lǜsè 녹색   天蓝色 tiānlánsè 하늘색
紫色 zǐsè 자주색   灰色 huīsè 회색
白色 bǎisè 흰색   黑色 hēisè 검은색

227

3
싸게 해 주실 수 있습니까?

A : 能不能便宜一点儿？
Néng bu néng piányi yìdiǎnr?

B : 那么，给您打九折，二百七十块钱。
Nàme, gěi nín dǎ jiǔ zhé, èrbǎi qīshí kuài qián.

A : 좀더 싸게 해 주실 수 있습니까?
B : 그럼 10% 할인해서 270원에 드리겠습니다.

❶ 有没有比这个更便宜的？
Yǒu mei yǒu bǐ zhège gèng piányi de?
이것보다 더 싼 것 있나요?

❷ 单个分开卖吗？
Dān ge fēn kāi mài ma?
따로따로 팝니까?

❸ 给我一个袋子吧。
Gěi wǒ yí ge dàizi ba.
봉투 하나 주세요.

❹ 每样给我一件吧。
Měi yàng gěi wǒ yí jiàn ba.
모양별로 하나씩 주세요.

14
쇼
핑

회화

A : 쩌 거 뚜오 샤오 치엔
这个多少钱?
Zhège duōshao qián?

B : 싼 바이 콰이 치엔
三百块钱。
Sānbǎi kuài qián.

A : 꿰이 아
贵啊, _______________?
Guì a, néng bu néng piányi diǎnr?

B : 나 머   게이 니 다 지우 저
那么，给你打九折，
Nàme, gěi nǐ dǎ jiǔ zhé,

얼 바이 치 스 콰이 치엔 쩐 머 양
二百七十块钱怎么样?
èrbǎi qīshí kuài qián zěnmeyàng?

A : 짜이 피엔 이 이 디얼   바
再便宜一点儿吧。
Zài piányi yì diǎnr ba.

해석

A : 이건 얼마입니까?

B : 3백 원입니다.

A : 비싸군요. <u>좀더 싸게 해주실 수 있습니까?</u>

B : 그러면 10% 할인해서 270원에 드리면 어떻습니까?

A : 좀더 싸게 해 주세요.

알아두기 / 가격을 깎는 표현

→ **请少算点吧。** Qǐng shǎo suàn diǎn ba. 값을 조금 싸게 해 주세요.
再便宜一点吧。 Zài piányi yì diǎn ba. 값을 더 싸게 해 주세요
不能降价吗? Bù néng jiàng jià ma? 싸게 해 줄 수 없나요?

4
입어 보세요.

基本表現

A : 试一下吧。
Shì yíxià ba.

B : 不大也不小，正合身。
Bú dà yě bù xiǎo, zhèng héshēn.

A : 입어 보세요.
B : 크지도 않고 작지도 않고, 딱 맞네요.

관련표현

❶ 这是样品。
Zhè shì yàngpǐn.
이것은 견본입니다.

❷ 太瘦，没法穿。
Tài shòu, méi fǎ chuān.
꽉 껴서 입을 수가 없습니다.

❸ 号码不对。
Hàomǎ bú duì.
사이즈가 안 맞아요.

❹ 太大了。
Tài dà le.
너무 커요.

❺ 这件对我小一点。　　Zhè jiàn duì wǒ xiǎo yìdiǎn.
이 옷은 저에게 조금 작습니다.

연습

A : 喂，这个样子有红色的吗？
Wèi, zhè ge yàngzi yǒu hóngsè de ma?

B : 有，是这个，__________。
Yǒu, shì zhè ge, shì yíxià ba.

A : 不大也不小正合身，
Bú dà yě bù xiǎo zhèng héshēn,

我买这一件。
wǒ mǎi zhè yí jiàn.

B : 好。
Hǎo.

해석

A : 저기요, 이 디자인으로 빨간색 있습니까?

B : 네, 이것입니다, 입어 보세요.

A : 크지도 작지도 않고 딱 맞네요, 저는 이것을 한 벌 사겠습니다.

B : 네.

알아두기 / 사이즈를 물을 때

➡ 중국에서는 물건의 사이즈를 말할 때 주로 '号 hào'를 씁니다. 사이즈를 물을 때는 '这个多大号的? Zhè ge duō dà hào de?'라고 하면 됩니다. 한 치수 크거나 작은 사이즈를 원할 경우에는 '我要大(小)一号的。Wǒ yào dà(xiǎo) yí hào de.', 혹은 '我要大(小)一些的。Wǒ yào dà(xiǎo) yì xiē de.'라고 하면 됩니다.

5
품절입니다.

基本表現

요우 파궈 샹 쉐이 마
A : 有法国香水吗?
Yǒu Fǎguǒ xiānshuǐ ma?

시엔 짜이 메이 요우 마이 완 러
B : 现在没有，卖完了。
Xiànzài méiyǒu, mài wán le.

A : 프랑스 향수 있습니까?
B : 지금 없습니다, 품절입니다.

관련표현

쩌 리 마이 웨이 진 마
❶ 这里卖围巾吗?
Zhèli mài wéijīn ma?
여기서 스카프를 팝니까?

와 즈 짜이 날 마이 너
❷ 袜子在哪儿卖呢?
Wàzi zài nǎr mài ne?
양말은 어디서 팝니까?

스 난 스 하이 스 뉘 스
❸ 是男式还是女式?
Shì nánshì háishì nǚshì?
남성용입니까, 여성용입니까?

야오 진 량 쉬엔 저 쑤 디엔 더
❹ 要尽量选择素点的。
Yào jìnliàng xuǎnzé sù diǎn de.
될 수 있으면 심플한 것이 좋습니다.

연습

A : 打搅你了。
다 쟈오 니 러
Dǎjiǎo nǐ le.

A : 저, 실례합니다.

B : 你好！要买东西吗？
니 하오　야오 마이 뚱시 마
Nǐ hǎo! Yào mǎi dōngxi ma?

B : 안녕하세요! 물건을 사실 건가요?

A : 有法国香水吗？
요우 파궈 샹쉐이 마
Yǒu Fǎguǒ xiāngshuǐ ma?

A : 프랑스 향수 있습니까?

B : 很抱歉，现在没有，＿＿＿＿。
헌 빠오 치엔　시엔 짜이 메이 요우
Hěn bàoqiàn, xiànzài méiyǒu, mài wán le.

B : 죄송합니다. 지금 없습니다, 품절입니다.

14
쇼
핑

알아두기 / 의류의 명칭

→ 裙子 qúnzi 치마　　　　　裤子 kùzi 바지
连衣裙 liányīqún 원피스　　牛仔裤 niúzǎikù 청바지
毛衣 máoyī 스웨터　　　　大衣 dàyī 오버코트
夹克 jiākè 점퍼, 자켓　　　衬衫 chènshān 드레스셔츠
背心 bèixīn 런닝셔츠, 조끼　内裤 nèikù 팬티
乳罩 rǔzhào 브래지어　　　领带 língdài 넥타이
帽子 màozi 모자

6
이것으로 하겠습니다.

基本表现

쩌 거　쩐머양
A : 这个怎么样?
Zhège zěnmeyàng?

쩌 거　쩡　허스　지우 마이　쩌 거
B : 这个正合适，就买这个。
Zhège zhèng héshì, jiù mǎi zhège.

A : 이건 어떻습니까?
B : 이게 딱 좋겠군요. 이것을 사겠습니다.

관련표현

칭　이 거　거빠오 주앙바
❶ 请一个个包装吧。
Qǐng yí ge ge bāozhuāng ba.
하나씩 싸 주세요.

쩌 스　리 우　칭 빠오 주앙 더 하오　이 디얼
❷ 这是礼物，请包装得好一点儿。
Zhè shì lǐwù, qǐng bāozhuāng de hǎo yìdiǎnr.
선물이니까 잘 포장해 주세요.

요우 메이 요우 바오 쩡 슈
❸ 有没有 保证书?
Yǒu mei yǒu bǎozhèngshū?
보증서는 있습니까?

쩌 스　쇼우 쮜
❹ 这是收据。
Zhè shì shōujù.
이것은 영수증입니다.

A : 能不能看一下那个黑皮鞋?
넝 뿌 넝 칸 이 샤 나 거 헤이 피 시에
Néng bu néng kàn yíxià nàge hēi píxié?

B : 可以, 您看看吧。
커이 닌 칸칸 바
Kěyǐ, nín kànkan ba.

A : 有没有比这个小的?
요우 메이 요우 비 쩌 거 샤오 더
Yǒu mei yǒu bǐ zhège xiǎo de?

B : 这个怎么样?
쩌 거 쩐 머 양
Zhège zěnmeyàng?

A : 这个正合适, ＿＿＿＿＿＿＿。
쩌 거 쩡 허 스
Zhège zhèng héshì, jiù mǎi zhège.

알아두기 / 중국인의 상관습 (2)

→ 중국인에게 선물할 때 선물 포장은 길하다는 것을 의미하는 붉은
색이나 숭고함을 나타내는 황색을 사용하는 것이 좋고, 축의금을
줄 때 흰 봉투에 검은 글씨는 피해야 합니다. 단, 부의금은 흰봉투
를 사용합니다.

선물을 줄 때는 괘종시계(钟 zhōng)나 우산(伞 sǎn), 배(梨 lí)
등은 가급적 주지 말아야 하는데 이는 각각 종말(终 zhōng), 이별
(离 lí, 散 sǎn)을 나타내는 단어와 발음이 비슷하기 때문입니다.

중국의 화폐

    중국의 화폐는 인민폐(人民币 rénmínbì)라고 하는데 화폐의 기본단위는 원(元 yuán)이고 영문으로는 (RMB, ¥)로 표기한다. 하부단위로는 보조화폐로 각(角 jiǎo)과 분(分 fēn)이 있는데 1원은 10각, 1각은 10분이다. 원은 구어(口语)로 콰이(块 kuài)라고 부르고 각은 구어로 마오(毛 máo)라고 부른다

1元(块) = 10角(毛) = 100分

제 **15**장

식사 · 음주

1

메뉴 좀 주세요.

基本表现

A : 欢迎光临! 请进来。
Huānyíng guānglín! Qǐng jìnlái.

B : 有菜单吗?
Yǒu càidān ma?

A : 환영합니다! 어서 들어오세요.
B : 메뉴 있습니까?

관련표현

❶ 得等多长时间?
Děi děng duōcháng shíjiān?
어느 정도 기다려야 합니까?

❷ 那是预定席。
Nà shì yùdìngxí.
거기는 예약석입니다.

❸ 现在满座啦。　　Xiànzài mǎnzuò la.
지금 만석입니다.

❹ 我们要靠窗的座位。
Wǒmen yào kào chuāng de zuòwèi.
창가 자리로 부탁합니다.

❺ 这个饭店的拿手菜是什么?
Zhège fàndiàn de náshǒucài shì shénme?
이 식당의 추천 요리는 뭡니까?

연습

후안 잉 꽝 린　　칭 찐 라이
A : 欢迎光临！ 请进来。
　　Huānyíng guānglín! Qǐng jìnlái.

워 스 샤오 찐　　우 디엔 이 위 딩 러
B : 我是小金，五点已预定了。
　　Wǒ shì xiǎo Jīn, wǔ diǎn yǐ yùdìng le.

칭 따오 쩌 비엔 라이
A : 请到这边来。
　　Qǐng dào zhèbian lái.

B : _______________?
　　Yǒu càidān ma?

▶ **진시황병마용(秦始皇兵马俑**
Qínshǐhuáng bīngmǎyǒng）

서안(西安) 진시황릉에서 발견된 진용(秦俑 ; 진나라 토기)은 1974년에 발굴이 시작되었다. 현재 6,000점 정도가 출토되었는데 사람, 말, 전차 등이 실물 크기로 제작되었으며 모두 다른 모습을 하고 있다. 진용은 세계 8대 경이로 꼽히기도 한다.

239

2
주문하시겠어요?

基本表現

시엔 짜이 디엔 차이 마
A : 现在点菜吗?
Xiànzài diǎn cài ma?

야오 이 뻬이 웨이 스 지   이 판   화 성   미
B : 要一杯威士忌, 一盘花生米。
Yào yì bēi wēishìjì, yì pán huāshēngmǐ.

A : 지금 주문하시겠어요?
B : 위스키 한 잔과 땅콩 한 접시 주세요.

관련표현

요우 선 머 인 랴오
❶ 有什么饮料?
Yǒu shénme yǐnliào?
음료수는 어떤 것이 있습니까?

야오 홍 푸 타오 지우
❷ 要红葡萄酒。
Yào hóng pútaojiǔ.
붉은 와인을 주세요.

야오 이 핑 옌 징 피우 지우
❸ 要一瓶燕京啤酒。
Yào yì píng Yànjīng píjiǔ.
연경 맥주 1병 주세요.

야오 베이 징 카오 야 허 마 포 또우 푸
❹ 要北京烤鸭和麻婆豆腐。
Yào Běijīng kǎoyā hé mápó dòufu.
북경 오리구이와 마파두부 주세요.

연습

A : ＿＿＿＿＿＿＿＿＿＿?
Xiànzài diǎn cài ma?

B : 要一杯威士忌，
Yào yì bēi wēishìjì,

威士忌里放些水和冰块吧。
Wēishìjì lǐ fàng xiē shuǐ hé bīngkuài ba.

A : 要点什么下酒菜呢?
Yào diǎn shénme xiàjiǔcài ne?

B : 要一盘花生米。
Yào yì pán huāshēngmǐ.

알아두기 / 주요 요리법과 요리

→ 炒 chǎo 볶다   炸 zhá 튀기다

煎 jiān 지지다   煮 zhǔ 삶다

蒸 zhēng 찌다   米饭 mǐfàn 쌀밥

炒饭 chǎofàn 볶음밥   鸡丁 jīdìng 닭고기 볶음

烤鸭 Běijīng kǎoyā 오리구이   麻婆豆腐 mápó dòufu 마파두부

涮羊肉 shuànyángròu 양고기 샤브샤브

3

물만두 주세요.

야오 츠 션머
A : 要吃什么?
Yào chī shénme?

야오 싼 완 쉐이 쟈오
B : 要三碗水饺。
Yào sān wǎn shuǐjiǎo.

A : 무엇을 드시겠습니까?
B : 물만두 세 그릇 주세요.

관련표현

요우 지 웨이
❶ 有几位?
Yǒu jǐ wèi?
몇 분이십니까?

차이하이 메이쭈오 하오
❷ 菜还没做好。
Cài hái méi zuòhǎo.
요리가 아직 다 안 되었습니다.

요우지엔 빙 요우 탸오허 양 로우 추알
❸ 有煎饼、油条和羊肉串儿。
Yǒu jiānbǐng、yóutiáo hé yángròuchuànr.
전병, 꽈배기 튀김, 양꼬치가 있습니다.

요우 미엔 탸올 마
❹ 有面条儿吗?
Yǒu miàntiáor ma?
국수 있습니까?

연습

A : 先生，请到这边来。
시엔 성　칭 따오 쩌 비엔 라이
Xiānsheng, qǐng dào zhèbian lái.

B : 看看菜单吧。
칸 칸　차이 딴　바
Kànkan càidān ba.

A : 要吃点什么？
야오 츠 디엔 선 머
Yào chī diǎn shénme?

B : ＿＿＿＿＿＿＿＿＿＿。
Yào sān wǎn shuǐjiǎo.

A : 好，请稍等一下。
하오　칭 샤오 덩　이 샤
Háo, qǐng shāo děng yíxià.

해석

A : 손님, 이리로 오십시오.

B : 메뉴를 보여 주세요.

A : 무엇을 드시겠습니까?

B : <u>물만두 세 그릇 주세요.</u>

A : 네, 잠시만 기다려 주십시오.

알아두기 / 중국의 간이 먹거리

→ 包子 bāozi 포자만두　　　饺子 jiǎozi 교자만두

馒头 mántou 만두　　　月饼 yuèbǐng 월병

烧饼 shāobǐng 소병　　　馄饨 húntun 혼돈자

煎饼 jiānbing 전병　　　花卷儿 huājuǎnr 말아서 찐 빵

油条 yóutiáo 꽈배기 튀김　　　羊肉串儿 yángròuchuànr 양꼬치 구이

4

따뜻한 물도 한 잔 가져다 주세요.

基本表现

_{짜이 라이 이 뻬이 카이 쉐이 바}
A : 再来一杯开水吧。
Zài lái yì bēi kāishuǐ ba.

_{하오 더}
B : 好的。
Hǎode.

A : 따뜻한 물도 한 잔 가져다 주세요.
B : 알겠습니다.

관련표현

_{콰이 즈댜오 띠 샹 러}
❶ 筷子掉地上了。
Kuàizi diào dìshang le.
젓가락을 떨어뜨렸습니다.

_{판 호우 또우요우 션 머 차 디엔}
❷ 饭后都有什么茶点?
Fàn hòu dōu yǒu shénme chádiǎn?
식사 후에는 어떤 디저트가 있습니까?

_{칭 쟈오 워 쩌거 쩐머 츠}
❸ 请教我这个怎么吃。
Qǐng jiāo wǒ zhè ge zěnme chī.
이것을 어떻게 먹는지 알려 주세요.

_{웨이 따오 쩐 머 양}
❹ 味道怎么样?
Wèidao zěnmeyàng?
맛이 어떻습니까?

연습

A : 喂, 请拿小碟子来。
웨이 칭 나 샤오 디에 즈 라이
Wèi, qǐng ná xiǎo diézi lái.

B : 好! 马上拿来。
하오 마 상 나 라이
Hǎo! Mǎshàng nálái.

A : 还有, ________________。
하이 요우
Háiyǒu, zài lái yì bēi kāishuǐ ba.

B : 好的。
하오 더
Hǎode.

알아두기 / 젓가락의 유래

➡ 본래 젓가락을 '저(箸)'라고 했는데, 현대 중국어에서는 '筷子 kuàizi'라고 합니다. 여기에는 재미있는 유래가 있습니다. '箸'의 발음은 'zhù'인데 이 발음은 '멈추다'를 뜻하는 '住'와 발음이 같습니다. 배가 중요한 교통 수단인 장강(长江)의 사공들은 배 안에서 식사하는 일이 많았는데, 식사 때 젓가락 이야기가 나오지 않을 수 없었습니다. 그들은 젓가락의 발음이 배를 멈추게 하는 불길한 말이라 여겨 '箸'의 상부에 있는 '竹'은 그대로 두고 밑부분을 '빨리'라는 의미의 '快'로 바꾸고 명사형 접미사 '子'를 붙여 사용하였는데, 이것이 오늘날의 '筷子'가 되었습니다.

5

제가 한 잔 따라 드리지요.

基本表現

A : 我敬您一杯。
Wǒ jìng nín yì bēi.

B : 谢谢。
Xièxie.

A : 제가 한 잔 따라 드리지요.
B : 감사합니다.

관련표현

❶ 为了我们的友谊，干杯!
Wèile wǒmen de yǒuyì, gān bēi!
우리들의 우정을 위해, 건배!

❷ 只倒半杯就可以了。
Zhǐ dào bàn bēi jiù kěyǐ le.
반 잔만 따라 주시면 됩니까.

❸ 他醉了。
Tā zuì le.
그는 취했습니다.

❹ 请随意。
Qǐng suíyì.
저는 알아서 마시겠습니다.

연습

A : ＿＿＿＿＿＿＿＿＿＿。
Wǒ jìng nín yì bēi.

B : 씨에 셰
谢谢。
Xièxie.

A : 파오 시엔 셩 짜이 라이 이 뻬이　쩐 머 양
朴先生再来一杯怎么样?
Piáo xiānsheng zài lái yì bēi zěnmeyàng?

B : 꼬우 러　　워 뿌 넝 짜이 허 러
够了。(我不能再喝了。)
Gòu le. (Wǒ bù néng zài hē le.)

알아두기 / 중국의 음주예절 (1)

중국에는 50도 이상 되는 독한 술이 많아 상대가 주는 대로 마시다간 실수하기 쉽다. 만약 술이 약하다면 청량음료나 차로 대신하겠다고 말하면 굳이 마시라고 강요하지 않는다.

중국인은 첨잔하는 습관이 있어 잔이 다 차지 않으면 수시로 채우려 든다. 그러므로 A라는 사람이 따라 준 술이 남아 있는 잔에 B라는 사람이 따르는 술을 받아도 된다. 주의할 점은 술잔을 돌리지 않는다는 것이다. 만일 우리 나라의 습관대로 중국인에게 자기가 마시던 잔을 건네주면 당혹스러워할 것이다.

6

그 술집에 자주 가십니까?

基本表現

니 창 취 나거 지우 디엔 마
A : 你常去那个酒店吗?
Nǐ cháng qù nàge jiǔdiàn ma?

워 뿌 창 취 나거 지우 디엔
B : 我不常去那个酒店。
Wǒ bù cháng qù nàge jiǔdiàn.

A : 당신은 그 술집에 자주 가십니까?
B : 저는 그 술집에 자주 가지 않습니다.

관련표현

요우세이 푸 콴
❶ 由谁付款?
Yóu shéi fù kuǎn?
누가 계산합니까?

꺼 푸 꺼 더
❷ 各付各的。
Gè fù gè de.
각자 부담으로 합니다.

니 아이 허 지우 마
❸ 你爱喝酒吗?
Nǐ ài hē jiǔ ma?
술을 좋아하세요?

니 넝 허 뚜오 샤오
❹ 你能喝多少?
Nǐ néng hē duōshao?
당신은 어느 정도 마실 수 있습니까?

연습

A : 라오 쌍 칸 라이 지우량 헌 따 야
老张, 看来酒量很大呀。
Lǎo Zhāng, kàn lái jiǔliàng hěn dà ya.

B : 나 리 치 스 뿌 따
哪里, 其实不大。
Nǎlǐ, qíshí bú dà.

A : _______________________?
Nǐ cháng qù nàge jiǔdiàn ma?

B : 워 뿌 창 취 나 거 지우 디엔
我不常去那个酒店。
Wǒ bù cháng qù nàge jiǔdiàn.

알아두기 / 중국의 음주예절 (2)

중국인들과 술을 마시면 그들은 당신을 대접하는 의미에서 먼저
술을 따라 주고, '敬您 jìng nín(한 잔 올린다)' 하며 술을 마실 것
입니다. 이렇게 술을 모두 받으면 당신이 답례로 '借花献佛 jiè
huā xiàn fó(남의 것으로 인심 쓰다)' 라며 상대에게 술을 따라 주
면 됩니다. 또 상대의 술을 받았을 때 굳이 그것을 다 마실 필요는
없습니다. 단숨에 마시는 것은 '干杯! Gān bēi!' 라고 하는데 '干
杯' 를 한 뒤에는 무조건 다 마셔야 합니다. 술이 약한 사람은 '随
意 suíyì(양껏만 마시다)' 라고 한 뒤에 자기 주량대로 마십니다.

7

매운 것을 좋아하세요?

基本表现

니 씨환 츠 라 더 마
A : 你喜欢吃辣的吗?
Nǐ xǐhuan chī là de ma?

스 씨환 츠 라 더
B : 是, 喜欢吃辣的。
Shì, xǐhuan chī là de.

A : 당신은 매운 것 먹기를 좋아하나요?
B : 네, 매운 것을 즐겨 먹습니다.

관련표현

웨이 따오 부 추오
❶ 味道不错。
Wèidao búcuò.
맛이 좋습니다.

샤오 딴 이 셰
❷ 稍淡一些。
Shāo dàn yìxiē.
조금 싱겁습니다.

웨이 따오 팅 칭 씬
❸ 味道挺清新。
Wèidao tǐng qīngxīn.
아주 맛이 담백합니다.

뿌 씨환 츠 요우 니 더
❹ 不喜欢吃油腻的。 Bù xǐhuan chī yóunì de.
기름진 것은 좋아하지 않습니다.

워 헌 씨환 츠 쯍 궈 차이
❺ 我很喜欢吃中国菜。
Wǒ hěn xǐhuan chī Zhōngguócài.
저는 중국요리를 아주 좋아합니다.

연습

A : 你喜欢中国糖块儿吗?
　　니 씨환 쭝궈 탕콰-ㄹ 마
　　Nǐ xǐhuan Zhōngguó tángkuàir ma?

B : 不喜欢, 太甜了。
　　뿌 씨환 타이 티엔 러
　　Bù xǐhuan, tài tián le.

A : 那么, _______________?
　　나 머
　　Nàme, xǐhuan chī là de ma?

B : 是, 喜欢吃辣的。
　　스 씨환 츠 라 더
　　Shì, xǐhuan chī là de.

알아두기 / 식사 관련 용어

早饭 zǎofàn 아침식사　　午饭 wǔfàn 점심식사
晚饭 wǎnfàn 저녁식사　　自助餐 zìzhùcān 뷔페 식사
菜单 càidān 메뉴, 식단　　筷子 kuàizi 젓가락
刀子 dāozi 칼　　叉子 chāzi 포크
碗 wǎn 그릇　　盘子 pánzi (큰) 접시, 쟁반
勺子 sháozi 국자　　碟子 diézi (작은) 접시
餐巾纸 cānjīnzhǐ 냅킨　　拿手菜 náshǒucài 제일 잘하는 요리

8
계산해 주세요.

基本表现

지에 짱 바
A : 结帐吧。
Jiézhàng ba.

차이 더 웨이 따오 쩐 머 양
B : 菜的味道怎么样?
Cài de wèidao zěnmeyàng?

A : 계산해 주세요.
B : 요리 맛은 어떠셨어요?

관련표현

짜이 날 지에 짱 너
❶ 在哪儿结帐呢?
Zài nǎr jiézhàng ne?
어디서 계산하면 되나요?

찐 티엔 워 칭 커
❷ 今天我请客。
Jīntiān wǒ qǐng kè.
오늘은 제가 사겠을니다

쑤안 추오 러
❸ 算错了。
Suàn cuò le.
계산이 틀렸습니다.

칭 게이 워 파 퍄오
❹ 请给我发票。
Qǐng gěi wǒ fāpiào.
저에게 영수증을 주세요.

A : __________。
Jiézhàng ba.

B : 是, 菜的味道怎么样?
Shì, cài de wèidao zěnmeyàng?

A : 挺好吃了。
Tǐng hǎochī le.

B : 一共三百块钱, 谢谢。
Yígòng sānbǎi kuài qián, xièxie.

15
식사 · 음주

▶ 양꼬치구이 (羊肉串 Yángròuchuàn)

북경의 간이 먹거리로 2~3원의 저렴한 가격에 간단한 요기를 할 수 있다. 양꼬치를 숯불에 구워 다양한 양념과 향신료를 뿌려 먹는다.

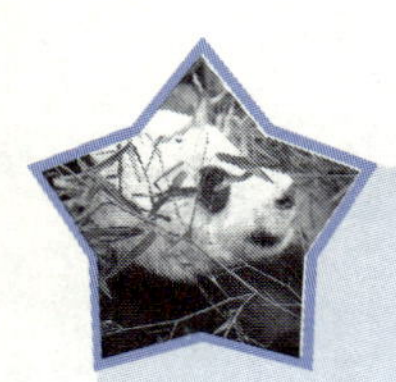

중국의 ·차

중국의 차의 종류는 수천 가지가 넘는다. 그러다 보니 차에 대한 명칭도 다양하다. 차의 이름은 차를 채취하는 시기나 방법, 색깔, 형태, 지명 등에 따라 제각기 다른데, 차의 맛이 토질과 기후의 영향에 따라 다르게 나타나기 때문에 차의 이름에 지명을 딴 것이 많다.

차의 종류는 크게 여섯 가지로 나뉘는데, 역사가 가장 길며, 생산량도 가장 많고 품종이 다양한 것이 녹차이다. 녹차 중의 명차는 용정차(龙井茶), 운무차(云雾茶), 벽라춘차 등이 있다. 용정차는 중국차 중에서도 가장 으뜸으로 치는 차로, 청나라 건륭제 때에는 황실에서만 마실 수 있었던 고급품이다. 항저우(杭州)에 있는 룽징이라는 차밭이 그 특산지이다.

홍차(红茶)는 중국 차 생산의 1/4을 차지하며, 수출의 1/2을 차지한다. 기(祁)홍차, 영(英)홍차 등이 유명하다.

오룡차(乌龙茶)는 홍차처럼 향기가 짙고 녹차처럼 맛이 산뜻하다. 무이암영, 철관음(铁观音) 등을 우등품으로 간주한다.

백차(白茶)는 은빛 물색이 우아하고 맛은 담백하며 쓸개와 위에 좋다. 백차로는 은침백호(银针白毫) 등이 있는데 이는 고산지대에서만 자라는 진귀한 차로 옛날부터 황제만 마실 수 있었다.

화차(花茶)는 중국의 독특한 차로서 향편차라고도 한다. 생화를 가지고 찻잎을 훈제한 것으로 북방지역에서 즐겨 마신다. 화차로 유명한 것으로 모리화차(茉莉花茶)가 있는데 우리 나라에서는 자스민차로 더 유명하다.

긴압차는 큰 찻 잎이나 차나무 가지로 먼저 홍차 또는 화차를 만든 다음, 그것을 원료로 하여 다시 만든다. 보이(普耳), 육보(六堡)가 긴압차 중의 명품이다.

여러가지 상황

1

방 있습니까?

基本表现

요우 팡 지엔 마
A : 有房间吗?
Yóu fángjiān ma?

요우
B : 有。
Yǒu.

A : 방 있습니까?
B : 있습니다.

관련표현

쭈 이 티엔뚜오 샤오치엔
❶ 住一天多少钱?
Zhù yì tiān duōshao qián?
하루 숙박에 얼마입니까?

야오 딴 런 지엔
❷ 要单人间。
Yào dānrénjiān.
싱글 룸으로 부탁합니다.

나 거 팡 지엔요우콩 탸오 마
❸ 那个房间有空调吗?
Nàge fángjiān yǒu kōngtiáo ma?
그 방에 에어컨은 딸려 있습니까?

야오요우 위 스 더 뱌오 준 지엔
❹ 要有浴室的标准间。
Yào yǒu yùshì de biāozhǔnjiān.
욕실이 딸려 있는 표준실을 부탁심하세.

16
여러가지 상황

연습

A : 欢迎光临!
후안 잉 꽝 린
Huānyíng guānglín!

B : _____________?
Yǒu fángjiān ma?

A : 有, 您要什么样的房间?
요우 닌 야오 션 머 양 더 팡 지엔
Yǒu, nín yào shénmeyàng de fángjiān?

B : 要标准间。
야오 뱌오 준 지엔
Yào biāozhǔnjiān.

해석

A : 어서 오십시오.

B : 방 있습니까?

A : 네, 있습니다. 당신은 어떤 방을 원하십니까?

B : 표준실로 부탁합니다.

알아두기

➜ 중국어로 호텔을 가리키는 명칭은 여러가지가 있습니다. 일반적으로 '饭店 fàndiàn', '宾馆 bīnguǎn', '大厦 dàxià' 등이 많이 쓰이고 있습니다. 중국은 특이하게도 외국인이 대도시에서 여관이나 여인숙에 묵을 수 없게 되어 있습니다. 외부적으로 외국인 관광객을 보호하기 위해서라고 주장하고는 있지만 외화 획득의 목적이 더 크지 않나 생각됩니다. 중국에는 외국인이 숙박하는 일류 호텔이 많이 있는데 모든 호텔은 별의 개수(1~5개)에 따라서 그 등급이 구분됩니다.

16
여러가지 상황

2
예약하셨습니까?

基本表现

야오 띵 거 팡 지엔
A : 要订个房间。
Yào dìng gè fángjiān.

위 띵 러 마
B : 预订了吗?
Yù dìng le ma?

A : 체크인 하려고 합니다.

B : 예약하셨습니까?

관련표현

짜이 쩌 리 티엔시에 바
❶ 在这里填写吧。
Zài zhèlǐ tián xiě ba.
여기 써넣어 주십시오.

자오 찬 지 디엔 카이 스 짜이 날 츠 너
❷ 早餐几点开始, 在哪儿吃呢?
Zǎocān shì jǐ diǎn kāishǐ, zài nǎr chī ne?
아침식사는 몇 시부터 어디에서 먹습니까?

퉤이 팡 스 지엔 스 지 디엔
❸ 退房时间是几点?
Tuìfáng shíjiān shì jǐ diǎn?
체크아웃은 몇 시입니까?

쩌 스 팡 지엔 야오 스   닌 더 팡 지엔 스 리우 이 얼 하오
❹ 这是房间钥匙, 您的房间是六一二号。
Zhè shì fángjiān yàoshi, nín de fángjiān shì 612 hào.
이것은 방 열쇠입니다, 손님 방은 612호실입니다.

연습

A : 要订个房间。
Yào dìng gè fángjiān.

B : 您____________?
Nín yùdìng le ma?

A : 是。预订了
Shì. Yùdìng le.

B : 请问, 您贵姓?
Qǐngwèn, nín guì xìng?

A : 我叫金明德, 这是预订单。
Wǒ jiào Jīn Míngdé, zhè shì yùdìngdān.

해석

A : 체크인 하려고 합니다만.

B : 당신은 예약하셨습니까?

A : 네. 예약했습니다.

B : 성함세 어떻게 되십니까?

A : 저는 김명덕이라고 합니다. 이것이 예약표입니다.

알아두기

➤ 중국은 예약문화가 아직 발달하지 않아서 유명한 일부 일급 호텔이 아니라면 예약이 반드시 필요하지는 않습니다. 만일 호텔에 방이 없을 때는 다른 호텔을 소개해 주기도 합니다. 비수기에 여행을 하는 경우와 장기간 투숙하는 경우에는 할인도 가능합니다.

3

룸 서비스입니다.

基本表现

A : 是, 房间服务台。
Shì, fángjiān fúwùtái.

B : 这是四一八号房间, 有送餐服务吗?
Zhè shì sì yāo bā hào fángjiān, yǒu sòng cān fúwù ma?

A : 예, 룸 서비스입니다.

B : 여기는 418호입니다. 식사를 방까지 가져다 주실 수 있습니까?

관련표현

❶ 要叫醒服务。
Yào jiàoxǐng fúwù.
모닝콜 서비스를 부탁합니다.

❷ 把烟灰缸拿来。
Bǎ yānhuìgāng ná lái.
재떨이를 가져다 주세요.

❸ 卫生间里没有卫生纸。
Wèishēngjiān lǐ méi yǒu wèishēngzhǐ.
화장실 휴지가 없습니다.

❹ 没有热水。
Méi yǒu rèshuǐ.
온수가 나오지 않습니다.

연습

A : 是, _____________。
Shì, fángjiān fúwùtái.

B : 这是四一八号房间,
zhè shì sì yāo bā hào fángjiān,

有送餐服务吗?
yǒu sòng cān fúwù ma?

A : 有, 马上送去。
Yǒu, mǎshàng sòng qù.

B : 还有, 给我拿点冰块来。
Háiyǒu, gěi wǒ ná diǎn bīngkuài lái.

A : 是, 知道了。
Shì, Zhīdào le.

해석

A : 네, 룸 서비스입니다.

B : 여기는 418호입니다,
식사 배달 서비스가
됩니까?

A : 네, 곧 가져다 드리겠
습니다.

B : 그리고 얼음을 가져
다 주세요.

A : 네, 알겠습니다.

알아두기 / 호텔 객실 안의 물품들

➤ 电视 diànshì 텔레비전   电冰箱 diànbīngxiāng 냉장고
空调 kōngtiáo 에어컨   暖气 nuǎnqì 난방기, 스팀
行李架 xínglìjià 선반   插座 chāzuò 콘센트
镜子 jìngzi 거울   壁灯 bìdēng 벽등
毛巾 máojīn 타월, 수건   拖鞋 tuōxié 슬리퍼

4
귀중품을 맡아 주시겠습니까?

基本表现

A : 能保管贵重物品吗?
Néng bǎoguǎn guìzhòng wùpǐn ma?

B : 能，这里填写姓名和房间号码。
Néng, zhèli tián xiě xìngmíng hé fángjiān hàomǎ.

A : 귀중품을 맡아 주실 수 있습니까?
B : 네, 여기에 이름과 방 번호를 써 주십시오.

관련표현

❶ 我要取行李。
Wǒ yào qǔ xíngli.
제 짐을 찾으려 합니다.

❷ 饭店里有没有寄存处?
Fàndiàn lǐ yǒu mei yǒu jìcúnchù?
호텔에 물건 보관소가 있습니까?

❸ 把这个行李存到晚上。
Bǎ zhè ge xíngli cún dào wǎnshàng.
이 짐을 저녁까지 맡아 주십시오.

❹ 行李寄存费一天多少钱?
Xíngli jìcúnfèi yì tiān duōshao qián?
짐 보관료는 하루에 얼마인가요?

연습

A : _________________________________?
Néng bǎoguǎn guìzhòng wùpǐn ma?

B : 能，请在这里填写姓名
Néng, Qǐng zài zhèlǐ tián xiě xìngmíng

和房间号码。
hé fángjiān hàomǎ.

A : 没有别的付费吗？
Méiyǒu bié de fù fèi ma?

B : 没有，是免费的。
Méiyǒu, shì miǎnfèi de.

해석

A : 귀중품을 맡아 주실 수 있습니까?

B : 가능합니다, 여기에 이름과 방 번호를 적어 주십시오.

A : 별도의 이용료는 없습니까?

B : 물론 없습니다. 무료입니다.

알아두기 / 물건 보관

➡ 호텔의 물건 보관소는 대부분 무료로 이용할 수 있으며 기차역 부근에는 저렴하게 이용할 수 있는 유료 보관소가 설치되어 있습니다. 물건을 맡기고 찾을 때는 동사 '寄存' 과 '取' 를 사용합니다.

一个包，寄存一天多少钱？ Yí ge bāo, jìcún yì tiān duōshao qián?
가방 하나를 하루 맡기는 데 얼마입니까?

263

5

배가 아파요.

基本表现

A : 怎么了?
쩐 머 러
Zěnme le?

B : 我肚子疼。
워 뚜즈 텅
Wǒ dùzi téng.

A : 왜 그러세요?
B : 배가 아픕니다.

관련표현

❶ 这里疼。　　　Zhèli téng.
쩌 리 텅
여기가 아파요.

❷ 闹肚子。　　　Nào dùzi.
나오 뚜 즈
배탈이 났습니다.

❸ 觉得恶心。　　juéde ěxin.
쥐에 더 어 씬
구역질이 납니다.

❹ 没有食欲。　　Méi yǒu shíyù.
메이 요우 스 위
식욕이 없습니다.

❺ 觉得凉。　　　juéde liáng.
쥐에 더 량
한기가 돕니다.

❻ 我头晕。　　　Wǒ tóuyūn.
워 토우 윈
저는 현기증이 납니다.

A : 怎么了? 哪儿不舒服?
Zěnme le? Nǎr bù shūfu?

B : 发烧, __________。
Fā shāo, dùzi téng.

A : 从什么时候开始的?
Cóng shénme shíhou kāishǐ de?

B : 从昨天晚上开始的。
Cóng zuótiān wǎnshang kāishǐ de.

A : 是食物中毒, 吃药吧。
Shì shíwù zhōngdú, chī yào ba.

A : 왜 그러세요? 어디가 불편하세요?

B : 열이 나고 <u>배가 아픕니다</u>.

A : 언제부터 (아프기) 시작했습니까?

B : 어제 저녁부터입니다.

A : 식중독이네요, 약을 드세요.

알아두기 / 병원 · 질병 관련 어휘

➤ 医院 yīyuàn 병원　　　　大夫 / 医生 dàifu / yīshēng 의사
护士 hùshi 간호사　　　　呕吐 ǒutù 구토(하다)
咳嗽 késou 기침(하다)　　头疼 tóuténg 두통
泻肚子 xiè dùzi 설사(하다)　消化不良 xiāohuā bùliáng 소화불량
血压高 xuèyāgāo 고혈압　　吃药 chī yào 약을 먹다

265

6

두통약 있습니까?

基本表现

A : 有头疼药吗?
Yǒu tóuténgyào ma?

B : 有, 稍等一下。
Yǒu, shāo děng yíxià.

A : 두통약 있습니까?

B : 네, 잠시만 기다려 주십시오.

관련표현

❶ 我要泻药。
Wǒ yào xiè yào.
설사약을 주세요.

❷ 我要感冒药。
Wǒ yào gǎnmào yào.
감기약을 주세요.

❸ 饭后吃吗?
Fàn hòu chī ma?
식후에 먹으면 됩니까?

❹ 吃几片? 怎么吃?
Chī jǐ piàn? Zěnme chī?
몇 첩을 먹습니까? 어떻게 먹지요?

연습

A : _________________ ?
Yǒu tóuténgyào ma?

B : 요우 샤오 덩 이 샤
有 , 稍 等 一 下 。
Yǒu, shāo děng yíxià.

A : 이 티엔 츠 지 츠
一 天 吃 几 次 ?
Yì tiān chī jǐ cì?

B : 이 티엔 츠 이 츠 지우 씽
一 天 吃 一 次 就 行 。
Yì tiān chī yí cì jiù xíng.

알아두기 / 신체의 명칭

头 tóu 머리	眼睛 yǎnjing 눈	鼻子 bízi 코
耳朵 ěrduo 귀	嘴 zuǐ 입	脖子 bózi 목
胸 xiōng 가슴	腰 yāo 허리	肩膀 jiānbǎng 어깨
胳膊 gēbo 팔	手指 shǒuzhǐ 손가락	屁股 pìgu 엉덩이
膝盖 xīgài 무릎	腿 tuǐ 다리	脚 jiǎo 발

7

책은 몇 권까지 빌릴 수 있습니까?

A : 一次能借几本书？
이 츠 넝 지에 지 번 슈

Yí cì néng jiè jǐ běn shū?

B : 一次可以借四本。
이 츠 커 이 지에 쓰 번

Yí cì kěyǐ jiè sì běn.

A : 책은 한 번에 몇 권까지 빌릴 수 있습니까?
B : 한 번에 4권까지 빌릴 수 있습니다.

관련표현

❶ 没有固定座位。
메이 요우 꾸 띵 쭈오 웨이

Méiyǒu gùdìng zuòwèi.

고정된 자리는 없습니다.

❷ 开馆时间是从上午九点到下午五点。
카이 꾸안스 지엔 스 총 샹 우 지우 디엔 따오 샤 우 우 디엔

Kāiguǎn shíjiān shì cóng shàngwǔ jiǔ diǎn dào xiàwǔ wǔ diǎn.

개관 시간은 오전 9시부터 오후 5시까지입니다.

❸ 哪儿卖饭票？
날 마이 판 파오

Nǎr mài fànpiào?

식권은 어디서 팝니까?

❹ 可以借一个星期。
커 이 지에 이 거 씽 치

Kěyǐ jiè yí gè xīngqī.

일주일간 빌릴 수 있습니다.

연습

A : 我想借书看。
Wǒ xiǎng jiè shū kàn.

B : 好，登记在这里。
Hǎo, dēngjì zài zhèli.

A : ____________________?
Yí cì néng jiè jǐ běn shū?

B : 一次可以借四本。
Yí cì kěyǐ jiè sì běn.

해석

A : 저는 책을 빌려 보려고 합니다.

B : 네, 여기에 기입해 주세요.

A : *책은 한 번에 몇 권까지 빌릴 수 있습니까?*

B : 4권까지 빌릴 수 있습니다.

▶ **외탄 거리**(外滩街 Wàitānjiē)

황포강 서쪽에 있는 외탄은 상해의 정치, 경제의 상징이자 상해 현대 역사의 상징이다.

아편전쟁 이후 외국의 조계(租界)였던 외탄은 다양한 국가의 건축 양식이 모여 있어서 '세계 건축 박물관'이라고도 불린다.

8

계좌 갖고 계세요?

基本表現

니 요우 쨩 후 마
A : 你有帐户吗?
Nǐ yǒu zhànghù ma?

요우 쩌 스 워 더 쨩하오
B : 有，这是我的帐号。
Yǒu, zhè shì wǒ de zhànghào.

A : 당신은 계좌를 갖고 계십니까?

B : 있습니다, 이게 제 계좌번호입니다.

관련표현

칭 게이워 이 쨩 선 칭 딴
❶ 请给我一张申请单。
Qǐng gěi wǒ yì zhāng shēnqǐngdān.
저에게 신청 용지를 한 장 주십시오.

쩌 리 또우시에 션 머
❷ 这里都写什么?
Zhèli dōu xiě shénme?
여기 뭘 쓰면 됩니까?

야오 취 디엔치엔
❸ 要取点钱。
Yào qǔ diǎn qián.
돈을 좀 찾으려고 합니다.

커 이 환 링 치엔 마
❹ 可以换零钱吗?
Kěyǐ huàn língqián ma?
잔돈으로 바꾸어 주시겠습니까?

연습

A : 我要汇款, 该怎么办?
Wǒ yào huì kuǎn, gāi zěnme bàn?

B : _______________?
Nín yǒu zhànghù ma?

A : 有, 这是我的帐号。
Yǒu, zhè shì wǒ de zhànghào.

B : 好, 请稍等。
Hǎo, qǐng shāo děng.

해석

A : 송금하려 하는데 어떻게 하면 됩니까?

B : 당신은 <u>계좌를 갖고 계십니까?</u>

A : 네, 이것이 제 계좌번호입니다.

B : 좋습니다. 잠시 기다려 주십시오.

 알아두기 / 은행 · 경제 관련 용어

银行 yínháng 은행   现金 xiànjīn 현금
存款凭证 cúnkuǎn píngzhèng 예금 입금서
存折 cúnzhé 예금통장   外币 wàibì 외국환
兑换 duìhuàn 환전   人民币 rénmínbì 인민폐(중국)
韩币 hánbì 한국 화폐   美元 měiyuán 달러(미국)
日元 rìyuán 엔(일본)   马克 mǎkè 마르크(독일)
法郎 fǎláng 프랑(프랑스)   股票 gǔpiào 주식

9
항공편입니까?

基本表现

A : 想把这个包裹寄到韩国。
Xiǎng bǎ zhè ge bāoguǒ jì dào Hánguó.

B : 要空邮吗?
Yào kōngyóu ma?

A : 이 짐을 한국으로 부치려고 하는데요.
B : 항공 우편입니까?

관련표현

❶ 寄个包裹。
Jì ge bāoguǒ.
소포를 부치려고 합니다.

❷ 空邮到韩国, 要多少钱?
Kōngyóu dào Hánguó, yào duōshao qián?
한국까지 항공편으로 부치려고 합니다. 얼마입니까?

❸ 这里填写地址和姓名。
Zhèli tián xiě dìzhǐ hé xìngmíng.
여기 주소와 이름을 써 넣어 주십시오.

❹ 这个要用快信。
Zhège yào yòng kuàixìn.
이것을 속달 우편으로 보내려고 합니다.

연습

A : 想把这个包裹寄到韩国。
Xiǎng bǎ zhège bāoguǒ jì dào Hánguó.

B : ＿＿＿＿＿＿＿＿＿?
Yào kōngyóu ma?

A : 要空邮。需要几天?
Yào kōngyóu. Xūyào jǐ tiān?

B : 需要七天左右。
Xūyào qī tiān zuǒyòu.

해석

A : 이 짐을 한국으로 부치려고 하는데요.

B : 항공 우편을 이용하실 건가요?

A : 항공 우편입니다. 몇일 정도 걸립니까?

B : 4일 정도 걸립니다.

알아두기 / 우편 관련 용어

→ 寄件人 jìjiànrén 발신인　　收件人 shōujiànrén 수신인
信封 xìnfēng 편지봉투　　信纸 xìnzhǐ 편지지
邮票 yóupiào 우표　　明信片 míngxìnpiàn 엽서
邮件 yóujiàn 우편물　　快信 kuàixìn 속달 우편
电报 diànbào 전보　　邮政信箱 yóuzhèng xìnxiāng 사서함
邮递员 yóudìyuán 집배원　　邮筒/信箱 yóutǒng/xìnxiāng 우체통
邮政编码 yóuzhèng biānmǎ 우편번호

10
어떻게 하시겠어요?

基本表现

닌 야오 쩐 머 쭈오
A : 您要怎么做?
Nǐ yào zěnme zuò?

즈 지엔 파
B : 只剪发。
Zhǐ jiǎn fà.

A : 어떻게 하시겠어요?
B : 컷트만 해 주세요.

关련표현

시엔 짜이 커 이 지엔 파 마
❶ 现在可以剪发吗?
Xiànzài kěyǐ jiǎn fā ma?
지금 컷트 됩니까?

시엔 씨 토우 짜이 지엔 바
❷ 先洗头, 再剪吧。
Xiān xǐ tóu, zài jiǎn ba.
머리를 감고 컷트해 주세요.

게이 워 란 란 파 바
❸ 给我染染发吧。
Gěi wǒ rǎn rǎn fà ba.
머리를 염색해 주세요.

칭 디얼 탕 바
❹ 轻点儿烫吧。
Qīng diǎnr tàng ba.
약하게 파마해 주세요.

16
여
러
가
지

상
황

연습

A : 欢迎光临，到这里坐，
Huānyíng guānglín, dào zhèli zuò,

_______________?
nín yào zěnme zuò?

B : 只剪发。
Zhǐ jiǎn fà.

A : 喜欢什么发型？
Xǐhuan shénme fàxíng?

B : 照这个样子剪吧。
Zhào zhège yàngzi jiǎn ba.

알아두기 / 이발 · 미용 관련 용어

理发员 lǐfàyuán 이발사　　电推子 diàntuīzi 전기 바리캉

梳子 shūzi 빗　　吹风机 chuīfēngjī 헤어 드라이기

理发镜 lǐfàjìng 미용 거울　　平头 píngtóu 상고머리

短发 duǎnfà 단발　　长发 chángfà 장발

马尾辫 mǎwěibiàn 말총머리　　辫子 biànzi 땋은 머리, 변발

发型照 fàxíngzhào 머리 모양 견본 사진　　胡子 húzi 수염

11

자전거를 이틀간 빌리려고 합니다.

基本表现

상 지에 량 티엔 쯔싱처 용 용
A : 想借两天自行车用用。
Xiǎng jiè liǎng tiān zìxíngchē yòngyong.

니 야오 선머양 더 처
B : 你要什么样的车？
Nǐ yào shénmeyàng de chē?

A : 자전거를 이틀간 빌리려고 합니다.
B : 당신은 어떤 자전거를 원하세요?

관련표현

추 주 이 티엔 야오뚜오 샤오치엔
❶ 出租一天要多少钱？
Chūzū yì tiān yào duōshao qián?
하루 빌리는 데 얼마입니까?

데이 지 디엔 환 쯔 싱 처
❷ 得几点还自行车？
Děi jǐ diǎn huán zìxíngchē?
몇 시에 자전거를 반환해야 합니까?

빠오 쿠오 이 바이 콰이 야 찐   이 꽁 이 바이 스 우 콰이
❸ 包括一百块押金，一共一百十五块。
Bāokuò yìbǎi kuài yājīn, yígòng yìbǎi shíwǔ kuài.
보증금 100원을 포함해서 모두 115원입니다.

시엔게이 워 이 짱 니 더 후 자오 푸 인 지엔
❹ 先给我一张你的护照复印件。
Xiān gěi wǒ yì zhāng nǐ de hùzhào fùyìn jiàn.
먼저 당신의 여권 복사본을 한 장 주세요.

16

여
러
가
지

상
황

276

연습

A : ________________________。
Xiǎng jiè liǎng tiān zìxíngchē yòngyong.

야오 션머 양 더 처
B : 要什么样的车?
Yào shénmeyàng de chē?

요우 삐엔쑤치 더 난처 마
A : 有变速器的男车吗?
Yǒu biànsùqì de nánchē ma?

요우 시엔게이 워 니 더 후자오 푸인
B : 有, 先给我你的护照复印件。
Yǒu, xiān gěi wǒ nǐ de hùzhào fùyìn jiàn.

해석

A : *자전거를 이틀간 빌리려고 합니다.*

B : 어떤 차(자전거)를 원하세요?

A : 기어가 달린 남자용 자전거 있습니까?

B : 있습니다, 먼저 당신의 여권 복사본을 한 장 주세요.

알아두기

➡ 북경의 자전거 보급률이 거의 60%에 육박한다고 하니 중국이 자전거의 왕국이라는 말도 과언은 아닐 것입니다. 자전거 도로까지 따로 있는 거리에서 중국인과 함께 골목 골목을 누비고 다녀 보는 것은 중국 여행에서의 색다른 재미입니다. 자전거는 자전거 대여점('出租自行车', 혹은 영어로 'LENT BIKE' 라고 되어 있음)에서 직접 빌리거나 호텔에 부탁해 빌릴 수 있는데, 자전거 대여점에서 빌릴 경우에는 여권 사본이나 국제 운전면허증, 학생증 등을 맡겨야 하고 일정 금액의 보증금을 먼저 지불해야 합니다. 중국에서는 자전거 도난 사건이 빈번하므로 보관료를 지불하더라도 반드시 관리인이 있는 보관소에 자물쇠를 채워 맡겨야 합니다.

12

타이어를 갈아 주세요.

基本表现

칭 게이 환 환 처 타이
A : 请给换换车胎。
Qǐng gěi huànhuan chētāi.

스 치엔 비엔 더　하이 스 호우 비엔 더
B : 是前边的，还是后边的？
Shì qiánbian de, háishì hòubian de?

A : 타이어를 갈아 주세요.

B : 앞입니까, 뒤입니까?

관련표현

게이 환 거 처 쭈오
❶ 给换个车座吧。
Gěi huàn gè chēzuò.
안장을 갈아 주세요.

삐엔 쑤 치 화이 러　칭 시우 리 이 샤
❷ 变速器坏了，请修理一下。
Biànsùqì huài le, qǐng xiūlǐ yíxià.
기어가 고장났습니다. 수리해 주세요.

게이 처 타이 다 다 치 바
❸ 给车胎打打气吧。
Gěi chētāi dǎ dǎ qì ba.
타이어에 공기를 넣어 주세요.

A : ＿＿＿＿＿＿＿＿＿＿＿＿＿。
　　Qǐng gěi huànhuan chētāi.

B : 是前边的，还是后边的？
　　Shì qiánbian de, háishì hòubian de?

A : 是后边的。
　　Shì hòubian de.

B : 知道了，请稍等。
　　Zhīdào le, Qǐng shāo děng.

해석

A : <u>타이어를 갈아 주세요.</u>

B : 앞입니까, 뒤입니까?

A : 뒤입니다.

B : 알겠습니다. 잠시만 기다려 주십시오.

 알아두기 / 자전거 관련 용어

男车 nánchē 남성용 자전거　女车 nǚchē 여성용 자전거
儿童车 étóngchē 어린이 자전거　车铃 chēlíng 자전거 벨
闸把 zhábǎ 브레이크　车灯 chēdēng 자전거 등
车把 chēbǎ 손잡이(핸들)　车蹬子 chēdēngzi 페달
后架子 hòujiàzi 보조 안장, 짐받이

13
고장났습니다.

基本表现

A : 我的电视出故障了。
Wǒ de diànshì chū gùzhàng le.

B : 天线状态不太好。
Tiānxiàn zhuàngtài bú tài hǎo.

A : 저의 텔레비전이 고장났습니다.
B : 안테나 상태가 안 좋군요.

관련표현

❶ 请修理修理这个吹风机。
Qǐng xiūlǐ xiūlǐ zhè ge chuīfēngjī.
이 드라이기를 수리해 주십시오.

❷ 我的收音机坏了。
Wǒ de shōuyīnjī huài le.
저의 라디오가 고장났습니다.

❸ 什么时候能修好?
Shénme shíhou néng xiū hǎo?
언제쯤 다 수리할 수 있습니까?

❹ 换电池吧。　　　Huàn diànchí ba.
건전지를 갈아 주십시오.

❺ 把眼镜弄坏了。
Bǎ yǎnjìng nòng huài le.
안경을 망가뜨렸습니다.

연습

A : 有什么事?
Yǒu shénme shì?

B : ________________________, 要修理。
Wǒ de diànshì chū gùzhàng le, yào xiūli.

A : 天线状态不太好。
Tiānxiàn zhuàngtài bú tài hǎo.

B : 马上能修好吗?
Mǎshàng néng xiū hǎo ma?

A : 能。
Néng.

해석

A : 무슨 일입니까?

B : 저의 텔레비전 고장
났습니다. 수리하려고
합니다.

A : 안테나 상태가 안 좋
군요.

B : 금방 고칠 수 있습니
까?

A : 됩니다.

알아두기 / 여러가지 가전제품

➤ 电视 diànshì 텔레비전   微波炉 wēibōlú 전기 레인지
洗碟机 xǐdiéjī 식기 세척기   洗衣机 xǐyījī 세탁기
电冰箱 diànbīngxiāng 냉장고   电热毯 diànrètǎn 전기 장판
空调 kōngtiáo 에어컨   录象机 lùxiàngjī 비디오
电饭锅 diànfànguō 전기 밥솥   吸尘器 xīchénqì 진공 청소기
组合音响 zǔhé yīnxiǎng 오디오   电熨斗 diànyùndǒu 전기 다리미

14

구급차를 부르겠습니다.

基本表现

A : 这里很疼。
Zhèli hěn téng.

B : 我去叫救护车。
Wǒ qù jiào jiùhùchē.

A : 여기가 아픕니다.

B : 제가 구급차를 부르겠습니다.

관련표현

❶ 需要急救。
Xūyào jíjiù.
응급처치가 필요합니다.

❷ 请按紧急电铃。
Qǐng àn jǐnjí diànlíng.
비상벨을 울려 주세요.

❸ 叫警察[公安]吧。
Jiào jǐngchá[gōng'ān] ba.
경찰[공안원]을 불러 주세요.

❹ 救命啊！/ 来人啊！
Jiù mìng a! / Lái rén a!
사람 살려! / 누구 좀 와 주세요!

16

여러가지 상황

연습

A : 啊，对不起，没事吧?
Ā, Duì bu qǐ, méi shì ba?

B : ＿＿＿＿＿＿＿。
Zhèli hěn téng.

A : 我去叫救护车。
Wǒ qù jiào jiùhùchē.

B : 要跟保险公司联系一下。
Yào gēn bǎoxiǎn gōngsī liánxì yíxià.

A : 是，马上联系。
Shì, mǎshàng liánxì.

A : 아, 죄송합니다. 괜찮으세요?

B : _여기가 몹시 아파요._

A : 구급차를 부르겠습니다.

B : 보험회사에 연락해 주세요.

A : 네, 곧 연락하겠습니다.

▶ **돈황 명사산(鸣沙山 Míngshāshān)**

석굴로 유명한 돈황 근처의 모래산이다. '모래가 우는 산'이라 하여 명사산이라는 이름이 붙여졌다.

명사산은 모래가 햇볕에 달구어진 낮에는 올라갈 수 없고 해가 진 다음에야 오를 수 있다. 산중턱의 초승달 모양의 오아시스 월아천과 넓게 펼쳐진 사막의 모습이 아름답다.

15

백을 잃어버렸어요.

基本表现

A : 手提包丢了。
Shǒutíbāo diū le.

B : 里边都有什么?
Lǐbian dōu yǒu shénme?

A : 백을 잃어버렸어요.

B : 안에 무엇이 들어 있습니까?

관련표현

❶ 手提包好好查了吗?
Shǒutíbāo hǎohāo chá le ma?
가방을 잘 찾아보셨나요?

❷ 不知丢在什么地方。
Bù zhī diū zài shénme dìfang.
어디서 잃어버렸는지 모르겠습니다.

❸ 里边有现金和信用卡。
Lǐbian yǒu xiànjīn hé xìyòngkǎ.
안에는 현금과 신용카드가 들어 있습니다.

❹ 一旦发现,马上与我联系。
Yídàn fāxiàn, mǎshàng yǔ wǒ liánxì.
발견하시면 바로 제게 연락 주세요.

연습

A : 有什么事?
Yǒu shénme shì?

B : ____________。
shǒutíbāo diū le.

A : 里边都有什么?
Lǐbian dōu yǒu shénme?

B : 里边有现金和信用卡。
Lǐbian yǒu xiànjīn hé xìnyòngkǎ.

해석

A : 무슨 일이에요?

B : 백을 잃어버렸어요.

A : 안에 무엇이 들어 있었습니까?

B : 안에는 현금과 신용 카드가 들어 있었습니다.

▶ **항주 서호(西湖 Xīhú)**

'하늘에는 천당이 있고 땅에는 항주와 소주가 있다.' 이 말은 항주와 소주의 아름다운 경치를 강조하기 위해 생긴 말이다. 서호는 항주에서도 백미로 꼽히는, 중국에서 가장 아름다운 호수이다. 중국 설화 〈백사전(白蛇传)〉의 배경이기도 하다.

16

소매치기당한 것 같아요.

基本表现

쩐 머 러　　왕　시엔 성
A : 怎么了, 王先生?
Zěnme le, Wáng xiānsheng?

치엔 빠오 부 지엔　러　　하오 샹 뻬이 샤오 토우 토우 조우 러
B : 钱包不见了, 好象被小偷偷走了。
Qiánbāo bú jiàn le, hǎoxiàng bèi xiǎotōu tōu zǒu le.

A : 왜 그러세요, 왕 선생님?

B : 지갑이 없어졌어요, 소매치기당한 것 같아요.

치엔 빠오베이샤오 토우토우조우 러
❶ 钱包被小偷偷走了。
Qiánbāo bèi xiǎotōu tōu zǒu le.
지갑을 소매치기당했습니다.

주아샤오 토우
❷ 抓小偷!
Zhuā xiǎotōu!
도둑 잡아라!

쇼우 티 빠오 뻬이 따오
❸ 手提包被盗。
Shǒutíbāo bèi dào.
백을 도난당했습니다.

시앙 징 차 빠오 안 바
❹ 向警察报案吧。
Xiàng jǐngchá bào àn ba.
경찰에 신고하세요.

연습

A : 怎么了, 王先生?
Zěnme le, Wáng xiānsheng?

B : 钱包不见了,
Qiánbāo bú jiàn le,

____________________________。
hǎoxiàng bèi xiǎotōu tōu zǒu le.

A : 是吗? 今天都到哪儿去了?
Shì ma? Jīntiān dōu dào nǎr qù le?

B : 上午去过百货商店。
Shàngwǔ qùguo bǎihuò shāngdiàn.

해석

A : 왜 그러세요, 왕 선생님?

B : 지갑이 없어졌어요. 소매치기당한 것 같아요.

A : 네? 오늘 어디에 나가셨었는데요?

B : 아침에 백화점에 갔었어요.

16
여러가지 상황

▶ 상해 인민공원(人民公园)

287

고궁(故宮)과 천안문(天安门)

고궁박물원(故宮博物院)은 자금성(紫禁城)이라고도 불리는, 가장 완벽하게 보존된 중국 최대의 고건축물이자 세계 최대의 박물관으로 북경시의 중심에 있다. 명(明)·청(淸) 양 대의 황궁으로 명의 영락제(英乐帝)가 1406년부터 1420년까지 14년간에 걸쳐 건조했으며, 1949년 중국 공산당 정부 수립 후에 일반에 공개되었다. 현재 그림·도자기·공예품 등을 전시하는 전시실로 이용되고 있는데, 건물은 대체로 청나라 때 모습을 그대로 간직하고 있다. 72만㎡의 부지에 전당이 9999.5 칸인 고궁은 크게 외조(外朝)와 내정(内庭)으로 구분된다. 남문인 오문(午门)에서 보화전(保和殿)까지의 외조는 황제가 집무를 하던 곳이고, 보화정 북쪽의 건청궁(干淸宮)을 비롯한 내정은 황제와 그 가족들이 거주하던 곳이다.

왕궁의 정문인 천안문은 명나라 초기에 창건되었다. 처음에는 승천문(承天门)이라고 하였으나, 1651년에 개축할 때 천안문으로 개명하였다. 국가적 대행사 때에는 반드시 이 문이 사용되고 있으며, 마오쩌둥(毛泽东)은 그 문루에서 1949년 10월 1일 중국 공산당 정부 수립을 선언하였다. 문 앞의 천안문 광장은 40만 명을 수용할 수 있는데 1919년의 5·4운동 이래 중국인들의 시위 집회에 많이 이용되었으며, 1949년의 중국 정권 수립식도 여기서 행하여졌다. 해마다 노동절과 국경절(国庆节:10월 1일)에는 퍼레이드가 벌어지며, 천안문 문루는 그 사열대가 된다.